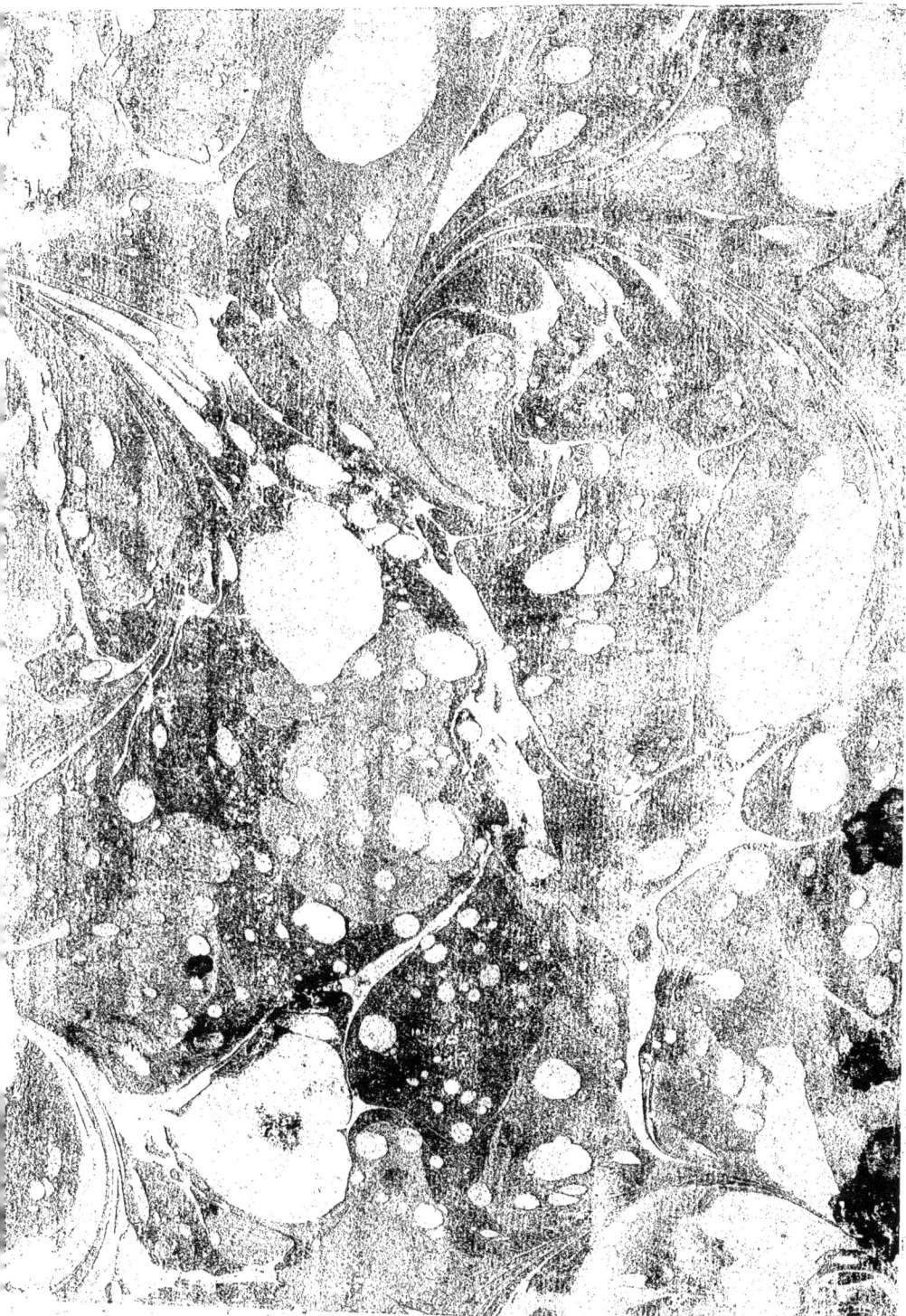

PLAN GÉNÉRAL

DE REGIE,

SOUSFERMES DES DOMAINES

ET DROITS Y JOINTS.

A PARIS,

Chez PIERRE PRAULT, Imprimeur des Fermes
& Droits du Roy, Quay de Gefvres, au Paradis.

———————————

M. DCC. XLVII.

TABLE

DU PLAN GENERAL DE REGIE.

DEVOIRS DES BURALISTES.

FONCTIONS DES AMBULANS.

FONCTIONS DES INSPECTEURS.

FONCTIONS DES DIRECTEURS.

PLAN GÉNÉRAL

DE REGIE.

SOUFERMES DES DOMAINES

ET DROITS Y JOINTS.

LES différens ordres généraux & particuliers qui ont été donnez jusqu'à préfent aux Employez des Soufermes des Domaines pour l'uniformité & la plus grande perfection de la Régie n'ayant pas été pleinement exécutez, foit parce que les Directeurs, Infpecteurs, Ambulans & Buraliftes, aufquels ils ont été adreffez ne les ont pas confervez avec affez de foin, foit parce que ces ordres ayant été inférez dans les Plans de Régie particuliers & inftructions, Lettres circulaires & Mémoires, ces Employez n'ont pas eu l'attention d'y recourir dans le befoin pour agir en conféquence : On a cru devoir raffembler ces ordres pour les préfenter fous un feul point de vue aux

A

Employez, afin de leur en faciliter l'exécution.

DEVOIRS DES BURALISTES.

Controlle des Actes.

ARTICLE PREMIER.

LEUR premier devoir eft d'être affidus à leurs Bureaux tous les jours en Hiver depuis huit heures du matin jufqu'à midi, & depuis deux heures de relevée jufqu'à fix heures ; & en Eté depuis fix heures du matin jufqu'à midi, & depuis deux heures de relevée jufqu'à fept. Article iv. du Réglement général du 21 Mars 1676, concernant le Controlle des Exploits.

II. Ils ne peuvent exercer les fonctions de leurs Emplois qu'ils n'ayent atteint au moins l'âge de vingt ans, fuivant l'Article xviii. du Titre Commun de l'Ordonnance pour toutes les Fermes du Roi ; & qu'ils n'ayent prêté ferment devant Meffieurs les Intendans ou Meffieurs leurs Subdéléguez.

III. Ils doivent lire avec grande attention & en entier les Actes qui leur font préfentez, fans permettre que les Notaires & Greffiers les leur dictent, afin de liquider les droits des différentes difpofitions qu'ils contiennent, dans la jufte proportion des Réglemens, & de les porter enfuite fur leurs Regiftres avec précifion, & fans omettre aucune des circonftances néceffaires à l'intelligence de l'Acte, & à la perception des droits.

S'ils fe trouvent embarraffez fur cette perception à l'égard de quelques Actes dont ils ne concevront pas bien l'objet des difpofitions, ou par quelques autres difficultez, ils les enregiftreront d'abord pour conferver la date de

quinzaine, & en enverront fur le champ copie à la Direction
pour avoir une liquidation des droits qui fe trouveront dûs,
afin de n'être point expofez à aucuns forcemens ni reftitutions : inconveniens toujours defagréables, tant pour eux
& le Fermier que pour les Parties, les Notaires & Greffiers.

Comme il eft peu de ces Actes où on ne puiffe trouver
les renfeignemens de quelques droits négligez ou recelez,
foit de Centiéme Denier, Infinuation, Amortiffement,
Francfief, Cafuels feigneuriaux & domaniaux, & autres,
les Commis y feront encore une très-ferieufe attention,
& auront foin d'en faire un relevé fur leurs Sommiers de
découvertes, tant pour approfondir & faire payer les droits
des Articles qui interefferont leur Bureau, que pour remettre à leurs Ambulans ceux qui feront payables en
d'autres Bureaux.

IV. Ils doivent enregiftrer de fuite lefdits Actes & écrire
tout-au-long le reçu du droit, & le tirer en chifre à la
marge droite ; & ils ne peuvent fous aucun prétexte laiffer
du blanc dans les Regiftres, à peine de 200. liv. d'amende.
Edit de Mars 1693, Déclaration du 14 Juillet 1699, &
Arrêt du 19 Avril 1720.

V. Ils font ténus, avant de mettre le reçu fur les Minutes,
de porter fur leurs Regiftres tous les droits qu'ils reçoivent,
à peine de 200 liv. d'amende pour chaque article omis
en tout ou partie ; & en cas de récidive, d'être pour-
fuivis extraordinairement comme fauffaires & concuffion-
naires. Déclaration des 19 Mars 1696, & 14 Juillet 1699,
& Arrêts des   Janvier 1725, & 10 Janvier 1728.

VI. Il leur eft défendu de controller des Actes où les ra-
tures, changemens & renvois ne feront pas approuvez des
Parties, à peine de 300 liv. d'amende. Arrêt du 21 Janvier
1723. Et lorfque les renvois & changemens auront été
approuvez, les Commis font obligez de les parafer ; ils

A ij

doivent même parafer le bas des pages , & cotter le nombre des rolles pour empêcher que les Notaires & Greffiers ne fubftituent après le Controlle d'autres feuilles, contenant des difpofitions qui auroient produit des droits plus confiderables que ceux qu'ils auroient perçus.

VII. Ils doivent arrêter tous les Actes reçus par les Notaires , les Greffiers & autres Perfonnes publiques, (excepté les Teftamens & Donations à caufe de mort) qui leur feront préfentez après la quinzaine de leur date & en rapporter leur procès verbal , qu'ils enverront fur le champ à leur Directeur pour pourfuivre la condamnation des peines & amendes portées par les Réglemens.

VIII. Ils ne peuvent controller lefdits Actes après le délai ci-deffus , à peine de 200 liv. d'amende pour chacune contravention. Arrêts des 24 Mai 1718, 21 Mai 1719 , & 20 Juin 1721.

IX. Ils ne peuvent non plus controller aucuns des Actes paffez devant des Notaires réfidans hors leur arrondiffement , à peine de 200 liv. d'amende , nullité defd. Actes , interdiction , & d'être procédé extraordinairement contre eux conformément à la Déclaration du 14 Juillet 1699, & à l'Arrêt du 24 Mai 1718.

X. Il leur eft défendu de donner communication de leurs Regiftres du Controlle ni aucun extrait des enregiftremens fans Ordonnance de Juftice , à peine de 1000 liv. d'amende, de révocation , & d'être privez pour toujours de toutes fortes d'Emplois. Déclaration du 29 Septembre 1722.

XI. Il leur eft encore fait défenfes de retenir les Minutes des Actes à défaut de payement des droits ; & ils font autorifez à refufer de les controller lorfque les droits ne leur font pas payez comptant. Arrêts des 29 Décembre 1716, & 23 Mai 1719.

XII. Ils auront attention , avant de controller les Inventaires de relever tous les Actes fous fignature privée portant tranfmiffion de propriété ou d'ufufruit de biens immeubles qui s'y trouveront énoncez ; & après s'être affurez qu'ils n'ont pas été infinuez, ils les porteront fur le Sommier des droits certains, pour en faire payer les droits de Controlle, Centiéme Denier, même le triple droit dont ils ne feront aucune remife de leur chef en tout ou en partie, à peine d'en demeurer perfonnellement refponfables envers le Fermier.

XIII. En controllant les Actes fujets à l'Infinuation ou au Centiéme Denier, ils doivent mettre en marge des enregiftremens ces mots : *Infinuation* ou *Centiéme Denier*, & y ajouter en chifres le montant de chaque nature de droits, qu'ils porteront enfuite fur les Regiftres à ce deftinez.

XIV. Lorsqu'il s'agira de renvoyer lefdits Actes dans un autre Bureau pour y être infinuez, ils feront mention du renvoi, tant à la marge des enregiftremens que dans leurs relations du Controlle, afin que d'un côté les Parties foient averties de remplir leurs obligations à cet égard, & que de l'autre les Ambulans puiffent faire le relevé des articles, pour vérifier fi les droits renvoyez ont été acquittez dans les Bureaux & dans les délais prefcrits par les Réglemens.

XV. Ils doivent arrêter tous les jours leurs Regiftres, à peine de 300 liv. d'amende pour chaque contravention. Arrêt du 11 Mai 1725.

XVI. Ils ne peuvent faire remife ni modération des droits en faveur de qui que ce foit, ni à eux-mêmes pour les Actes qui les concerneront ; à peine de la reftitution du quadruple defdits droits, & de 200 liv. d'amende pour chaque Article. Déclaration du 29 Septembre 1722, Article xcviii.

XVII. Ils doivent affifter le plus fouvent qu'ils pourront aux Audiences qui fe tiennent dans le lieu de leur réfidence,

fur-tout à celles des Jurifdictions Confulaires, afin de cơn-
noître fi on ne plaide point fur des Actes fous fignatures
privées fujets au Controllé & non controllez, ou fignez de
témoins; s'ils ne s'en communiquent pas de la main à la
main, ou fi l'on ne pourfuit pas les Locataires ou Fermiers
des biens de Gens de main-morte jouiffans par Baux fous
feings privés ou par tacite réconduction; fi les affirmations
de voyage font régulierement faites, & fi les préfentations
& défauts font levez dans les Jurifdictions Royales, &
enfin s'il ne s'y paffe rien de contraire aux difpofitions des
Edits & Déclarations de Sa Majefté concernant la Ferme.

XVIII. Ils ne peuvent s'abfenter de leurs Bureaux à peine
de révocation, fans une permiffion de la Compagnie ou du
Directeur; & dans l'un ou l'autre cas ils ne doivent con-
fier leurs Regiftres qu'à des perfonnes de probité & de
difcrétion capables & folvables, d'autant qu'ils font civi-
lement refponfables de leur geftion & maniment. Et
ceux des Bureaux établis près les Bailliages ou autres Siéges
Royaux reffortiffans nuement au Parlement doivent faire
prêter ferment aux perfonnes qu'ils fubftitueront en leur
place devant le Lieutenant général, conformément à la
Déclaration du 17 Fevrier 1731, afin que l'on n'argue pas
l'Infinuation de nullité, comme étant faite par une per-
fonne qui n'ayant point de caractere, ne peut valablement
certifier le jour & la date de l'Infinuation.

XIX. S'il arrive des augmentations ou diminutions fur les
Efpeces, ils font obligez de faire faire à l'inftant de la pu-
blication un procès verbal des fonds qu'ils auront en Caiffe,
par les Subdéléguez de MM. les Intendans, & à leur défaut par les Juges des lieux; & faute de faire faire ce procès verbal, ils feront forcez en recette du montant des
augmentations; & s'il arrive des diminutions, il ne leur
en fera point alloué.

XX. Les Baux des Gens de main-morte eccléfiaftiques &
laïques doivent en conféquence des Déclarations des 19
Mars 1696, 14 Juillet 1699, & 20 Mars 1708, & autres
Réglemens rendus en conformité, être paffez devant Notaires; à peine de nullité defdits Baux, & de 200 liv. d'a-
mende pour chaque contravention.

Par Arrêt du 27 Juillet 1727 il fut permis aufdits Gens
de main-morte de faire controller jufqu'au premier Janvier
fuivant, les Baux de leurs biens & revenus à compter de
l'année 1700, fur le pied réglé par le Tarif du 29 Septembre 1722, foit qu'ils fuffent fous fignatures privées, con-
ventions verbales ou tacite réconduction, à l'exception
feulement des adjudications des revenus des biens des
Communautez laïques faites par MM. les Intendans.

Par un autre du 16 Décembre 1727, ils furent déchargez de toutes les amendes en faifant paffer dans le delai
de trois mois pardevant Notaires les Baux fous fignatures
privées fubfiftans, ainfi que les réconductions ou conven-
tions verbales, & à la charge de repréfenter les deux précédens Baux de tous leurs revenus paffez devant Notaires,
ou de payer les droits de Controlle des deux Baux précédemment paffez fous fignatures privées, tacite réconduction ou convention verbale; & qu'à cet effet ils feroient
tenus de faire leur déclaration de la maniere dont lefdits
biens avoient été exploitez; à peine, en cas de fauffe déclaration, de 200 livres pour chaque contravention.

Par l'Article 1 v. dudit Arrêt il fut encore ordonné que
les Gens de main-morte qui avoient paffé devant Notaires les Baux de tous leurs biens & revenus dont la jouiffance fubfiftoit alors, ne feroient tenus chacun à leur
égard de repréfenter que le bail précédent, ou de payer
les droits de Controlle dudit Bail s'il fe trouvoit avoir été
fait fous fignatures privées, par tacite réconduction ou
convention verbale.

Les Bénéficiers qui n'étoient titulaires que depuis le premier Janvier 1725 , furent également déchargez des amendes encourues pour le passé, à la charge de passer pardevant Notaires dans trois mois, à compter du premier Janvier 1728, si fait n'avoit été, les Baux de leurs biens & revenus dont ils avoient donné la jouissance par écrit sous signatures privées, tacite réconduction ou convention verbale ; mais ils ne furent assujettis qu'à payer un seul droit de Controlle pour raison des Baux qu'ils avoient ci-devant passez sous signatures privées, par tacite réconduction ou autrement.

Les Communautez Religieuses de Filles, les Fabriques, & les Curés à portion congrue, furent exceptez de la Loi imposée aux autres Gens de main-morte pour la représentation des précédens Baux ; mais depuis le premier Janvier 1728 ils en ont dû passer devant Notaires, sous les peines & amendes portées par les Réglemens.

Enfin par l'Article VI. dudit Arrêt il fut permis ausdits Gens de main-morte qui passeroient pardevant Notaires des Baux particuliers de tous leurs revenus, d'en passer sous signatures privées un Bail général, & ce même Arrêt porte que lorsqu'ils auroient passé le Bail général pardevant Notaire les Preneurs pourroient également passer les Baux particuliers sous signatures privées, sans néanmoins que les Bailleurs ni les Preneurs pussent se servir desdits Baux sous signatures privées, ni faire aucuns Actes ou Exploits en conséquence qu'ils n'eussent été préalablement controllez, conformément aux Réglemens, & sous les peines y portées.

L'exécution de ces Réglemens étant extrêmement interessante, les Buralistes feront un état par Paroisse de tous les biens & revenus dépendans des Bénéfices, Communautez Séculieres & Régulieres, Hôpitaux, Confréries,

Fabriques,

Fabriques, & des autres Gens de main-morte, & un relevé des Baux qui en ont été passez devant Notaires, ou controllez depuis 1727 ; en conséquence duquel ils feront ensuite sur chaque Article dudit Etat les observations nécessaires pour distinguer ceux desdits Gens de main-morte qui auront satisfait au Réglement du 16 Décembre 1727, & ceux qui auront négligé de s'y conformer, & ils rapporteront leur procès verbal des contraventions qu'ils auront constatées, pour faire condamner les contrevenans à la restitution des droits & aux amendes, à l'effet de quoi ce procès verbal sera envoyé sur le champ à la Direction.

On leur observe encore à ce sujet que comme les Marguilliers des Fabriques & les Communautez des habitans, des Paroisses sont dans l'usage de faire tous les ans des Baux ou Adjudications sous signatures privées de leurs prez, terres & autres revenus au profit de différens particuliers, & qu'on n'apporte ces Actes au Controlle que lorsqu'on est obligé de s'en servir en Justice (ce qui prive le Fermier de presque tous les droits de Controlle qui en résultent) ils doivent, en faisant les Etats dont on vient de les entretenir, constater les Articles pour raison desquels on n'aura point fait controller de Baux pour chacune des années qui se seront écoulées depuis le premier Janvier 1728, & ils en rapporteront leur procès verbal, qu'ils enverront également à leur Directeur.

XXI. Les Greffiers & Secrétaires des Chapitres, des Communautez Religieuses & des Hôpitaux étant obligez par Arrêt du 3 Mars 1739 de tenir un Registre contenant les Actes d'administration temporelle & exterieure pour être controllez dans la quinzaine de leur date, à peine de nullité & de deux cens livres d'amende, & ces Actes sujets au Controlle, étant désignez par un autre Arrêt du 30 Août 1740. les Commis Buralistes tiendront exactement

B

la main à l'exécution de ces Réglemens ; & en cas qu'il y ait été contrevenu ils en rapporteront leur procès verbal, qu'ils remettront à leur Directeur.

Cependant, comme par un autre Arrêt du 30 Août 1740 il a été ordonné que les Chapitres, Maisons Religieuses tant séculieres que régulieres, de l'un & l'autre sexe, les Oeuvres & Fabriques, Confréries, & généralement tous les Corps & Communautez Ecclésiastiques de l'un & l'autre sexe du Royaume demeureroient affranchis de tous les droits de Controlle qui pourroient être dûs pour raison des Actes inscrits sur les Regiftres desdits Chapitres, Maisons Religieuses & autres ci-deffus mentionnez jusques & compris le dernier Décembre 1740, ils feront attention qu'on ne peut faire usage de l'Arrêt du 3 Mars 1739 qu'à compter du premier Janvier 1741.

XXII. Les Commis des lieux où l'on eft dans l'usage de paffer tous les ans devant les Officiers de Police des Baux ou Adjudications de Boucherie, ou des Actes portant feulement élection de Bouchers & fixation des prix de la vente des Viandes pendant le Carême, doivent faire au Greffe de la Police un relevé des Actes de cette espéce faits pendant les vingt dernieres années, pour en faire payer les droits de Controlle fur le pied fixé par l'Article xxi du Tarif, conformément aux Décisions du Conseil des 20 Novembre 1745 & 19 Janvier 1746, & ils tiendront exactement la main à ce que les Greffiers de la Police faffent controller dans la quinzaine de leur date les Actes de cette espéce qu'ils recevront à l'avenir.

XXIII. Par Arrêts des 25 Mars 1738, & 12 Décembre 1741, & Décision du 9 Novembre 1737, il eft ordonné qu'il fera perçu deux droits de Controlle pour les quittances données pofterieurement aux Contrats de vente, des fommes déléguées par lefdits Contrats, avec fubro-

gation de la part du Créancier au profit de l'Acquereur de
l'objet de sa créance, & décharge de cette créance au profit du Vendeur, l'un pour la quittance, & l'autre pour la
décharge, tous deux sur le pied réglé par l'Article III. du
Tarif. Les Commis ausquels il sera présenté de pareils
Actes auront grande attention d'en liquider les droits relativement à ces Réglemens dans le cas même où le Vendeur ne seroit pas présent dans l'Acte pour accepter la décharge de son Créancier.

INSINUATIONS LAIQUES,

Et Centiéme Denier.

ARTICLE XXIV.

SUivant l'Ordonnance de Villers-Cotterêts de 1539,
celle d'Orleans de 1560, l'Article LVIII de celle de
Moulins de 1566, les Articles I, II & XIX de l'Edit de
Décembre 1703 : toutes les Donations & Dons mutuels
devoient être insinuez aux Greffes des Siéges Royaux ordinaires, tant du domicile des Donateurs, que de l'assiette
des choses données.

Par l'Article XXII de la Déclaration du 19 Juillet 1704
il fut dérogé à ces Réglemens, & permis à Miger chargé
de la vente des Offices de Greffiers des Insinuations, & à
ceux qui en étoient pourvus, de commettre sur leurs sim-
ples procurations à l'exercice d'iceux, pour la facilité du
Public, un ou plusieurs Commis dans le Ressort du Siége
de leur établissement.

En conséquence de cette Déclaration les Insinuations
des Donations se faisoient indifféremment dans toutes sor-
tes de Bureaux, même en ceux établis près les Justices

feigneuriales ; mais s'étant élevé plufieurs difficultés à ce
fujet fur la queftion de fçavoir fi les Infinuations faites
dans les Bureaux établis en exécution de ladite Déclaration dans les lieux dépendans des Juftices des Seigneurs
particuliers appellez arrondiffement , étoient auffi valables que fi elles avoient été faites dans les Greffes des
Juftices Royales ordinaires en conformité de l'Article
LVIII de l'Ordonnance de Moulins , il fut ordonné par
l'Article premier de la Déclaration du 30 Novembre 1717
que les Infinuations qui avoient été faites jufqu'alors, &
celles qui feroient faites à l'avenir aux Bureaux établis en
conféquence de l'Art. XXII de la Déclaration du 19 Juillet
1704 , feroient auffi valables que fi elles avoient été faites
dans les Juftices Royales.

La liberté d'infinuer les Donations, foit dans les Jurifdictions Royales qui ne reffortiffoient pas aux Cours, foit
dans les Juftices des Seigneurs particuliers, ayant paru
fujette à plufieurs inconvéniens, il fut ordonné par l'Article premier de la Déclaration du 17 Février 1731 , que
les Donations entrevifs de meubles & immeubles , mutuelles, réciproques, rémunératoires, onéreufes, même à
la charge de fervices & fondations , en faveur de mariage
& autres faites en quelque forme & maniere que ce fût,
(à l'exception de celles qui feroient faites par Contrat de
mariage en ligne directe) feroient infinuées ; fçavoir,
celles d'immeubles réels ou d'immeubles fictifs qui avoient
néanmoins une affiette, aux Bureaux établis pour la per-
ception des droits d'Infinuations près les Bailliages ou Sé-
néchauffées Royales, ou autre Siége Royal reffortiffant
nuement aux Cours, tant du lieu du domicile du Donateur, que de la fituation des chofes données ; & celles de
meubles, ou de chofes mobiliaires, qui n'avoient point
d'affiette, aux Bureaux établis près lefdits Bailliages , Sé-

néchauffées ou autre Siége Royal reffortiffant nuement aux Cours du lieu du domicile du Donateur feulement ; & qu'au cas que le Donateur eût fon domicile, ou que les biens donnez fuffent fituez dans l'étendue des Juftices feigneuriales, l'Infinuation feroit faite aux Bureaux établis près le Siége qui avoit la connoiffance des cas royaux dans l'étendue defdites Juftices, le tout dans les tems ou fous les peines portées par l'Ordonnance de Moulins, & la Déclaration du 17 Novembre 1690.

Ces Infinuations ne pouvant donc plus être faites qu'aux Bureaux établis près les Juftices Royales reffortiffantes nuement aux Cours, tant du domicile du Donateur que de la fituation des biens donnez, les Commis feront attention que fi la donation eft d'immeubles fituez dans l'étendue de la Juftice Royale reffortiffante nuement au Parlement fous laquelle le Donateur fera domicilié il n'y aura qu'une Infinuation à faire au Bureau établi près le Siége de cette Juftice Royale.

Si au contraire les immeubles font fituez dans l'étendue d'une Juftice Royale, & que le Donateur foit domicilié dans l'étendue d'une autre Juftice Royale, toutes deux reffortiffantes nuement aux Cours, il y aura deux Infinuations à faire, l'une au Bureau du domicile, où il fera payé les droits fixez par l'Article premier du Tarif, & l'autre à la fituation de l'immeuble, où il fera payé le Centiéme Denier, fi l'immeuble par fa nature eft fujet au Centiéme Denier, ou l'Infinuation fuivant le Tarif, fi l'immeuble n'eft pas fujet au Centiéme Denier, comme font les rentes fur la Ville de Paris & fur les Communautez & les Particuliers, le tout relativement à la diftinction des immeubles réels & fictifs, indiquée par les Articles premier de ladite Déclaration, & xxiii. de l'Ordonnance du même mois de Février 1731.

Les donations de meubles ou choses mobiliaires qui n'ont point d'affiette, doivent seulement être infinuées fur le pied réglé par le Tarif au Bureau établi près le Bailliage, Sénéchauffée ou autre Jurifdiction Royale reffortiffante nuement aux Cours dans l'étendue de laquelle le Donateur fera domicilié.

A l'égard des donations par forme d'augment & contre-augment, dons mobiles, engagemens, droit de rétention, agencement, gains de noces & de furvies, elles ont été exceptées de la Regle générale par l'Article vi. de la Déclaration ; & les droits qui en font dûs doivent être payez conformément à l'Article III. de la Déclaration du 20 Mars 1708, en même-tems que ceux du Controlle dans les lieux où le Controlle eft établi ; & dans ceux où le Controlle n'a pas lieu dans les quatre mois du jour & date defdits Actes.

Les donations de choses mobiliaires quand il y a tradition réelle, ou lorfqu'elles n'excedent pas mille liv. peuvent auffi fuivant l'Article vii. de ladite Déclaration être infinuées dans toutes fortes de Bureaux en même tems qu'elles feront controllées, & dans les 4 mois de leur date lorfqu'elles feront paffées dans les Pays où le Controlle n'a pas lieu, à peine du double droit d'Infinuation dans le cas où les Parties auroient négligé de les faire infinuer dans ce délai.

L'Article xlvi de l'Ordonnance du mois de Fevrier 1731 renferme auffi une exception pour les dons mutuels & autres donations entre mari & femme, hors Contrat de mariage, & les donations par les pere & mere aux enfans qu'ils ont en leur puiffance à l'égard defquelles donations il n'a été rien innové par ladite Ordonnance, & qui par confequent peuvent fuivant l'Article premier de la Déclaration du 30 Novembre 1717, être infinuées dans tous les Bureaux, même en ceux établis près les Juftices feigneuriales, fi ces Juftices reffortiffent au Siége Royal du domicile du Donateur & de la fituation des biens donnez, fur les Regiftres ordinaires de l'Infinuation fuivant le Tarif, ou de Centiéme Denier fuivant la nature du bien donné.

On dit que les Infinuations de ces donations peuvent être faites dans les Bureaux établis près les Juftices feigneuriales, pourvu que ces Juftices reffortiffent au Siége Royal du domicile du Donateur & de la fituation des biens donnez, parce que comme auparavant la Déclaration du 30 Novembre 1717, elles devoient être infinuées dans le Bureau établi près ce Siege Royal, & que ce ne fut que pour la facilité du Public que cette Déclaration permit de faire infinuer lefdites donations dans les Bureaux établis en exécution de l'Article XXII. de la Déclaration du 19 Juillet, 1704 dans les lieux du reffort de ce même Siége Royal, c'eft-à-dire dans les Bureaux établis près les Juftices feigneuriales reffortiffantes à ce Siége, il s'enfuit néceffairement qu'elles ne peuvent être faites dans les Bureaux établis près les Juftices des Seigneurs particuliers, qu'autant que ces Juftices reffortiffent au Siége Royal du domicile du Donateur & de la fituation des biens donnez.

Ainfi fi les Donateurs font domiciliez & les biens fituez dans l'étendue d'une feule Juftice Roiale, il n'y aura qu'une feule Infinuation à faire, foit dans le Bureau établi près le Siége de cette Juftice, foit dans celui établi près de la Juftice feigneuriale où fe controllera l'Acte, pourvu, comme on vient de l'obferver, que cette Juftice reffortiffe à ce Siége Royal.

Si le domicile du Donateur fe trouve dans l'étendue d'une Juftice Royale, quand bien même elle ne reffor-

tiroit pas nuement au Parlement, & que les biens donnez foient fituez dans l'étendue d'une autre Juftice Royale
il y aura deux Infinuations à faire.

L'une au Bureau établi près le Siége Royal du domicile du Donateur, ou dans celui établi près la Juftice
feigneuriale où fe controllera l'Acte, où il fera perçu l'Infinuation fuivant le Tarif.

Et l'autre, foit au Bureau établi près le Siége de la
Juftice Royale dans l'étendue de laquelle les biens feront
fituez, foit dans celui établi près la Juftice feigneuriale
fous laquelle lefdits biens feront fituez, où il fera payé
le Centiéme Denier s'il y a tranfmiffion actuelle dans les
biens donnez, ou bien l'Infinuation fuivant le Tarif, s'il
n'y a pas ouverture au Centiéme Denier.

L'exception pour les donations entre mari & femme
ne concerne uniquement que celle faite hors contrat
de mariage, toutes autres par contrat de mariage ne
peuvent être valablement infinuées qu'au Bureau établi près la Juftice Royale reffortiffante au Parlement
fuivant & conformement à l'Article premier de la Déclaration de 1731.

Quoiqu'il n'y ait que les donations de chofes mobiliaires, quand il y a tradition réelle ou quand elles n'excédent pas la fomme de mille liv. qui foient affujetties à
la peine du double droit d'Infinuation lorfqu'elles n'ont
pas été infinuées dans le tems préfcrit par la Déclaration
de 1731, cependant la plupart des Commis établis près
les Bailliages & autres Jurifdictions Royales perçoivent in-
differemment ce double droit pour toutes fortes de donations dans le cas où les Parties ont négligé de les faire
infinuer dans les 4 mois; c'eft un abus également préjudi-
ciable & au Public & au Fermier; les Commis ne recevront donc ce double droit que pour les donations de
chofes

chofes mobiliaires , lorfqu'il y a tradition réelle , ou lorfqu'elles n'excédent pas la fomme de mille liv.

Quant aux Donations de biens immeubles, fi la propriété eft tranfmife au moment de leur paffation, il en eft dû
non feulement le Centiéme Denier , mais encore le triple
droit lorfqu'on aura négligé de les faire infinuer dans les
quatre mois de leur date. Arrêt du 2 Décembre 1721 , &
Décifions du Confeil des 5 Janvier & 7 Fevrier 1736.

Les Commis Buraliftes des lieux où il y a Bailliage , Sénéchauffée ou autre Juftice Royale reffortiffante nuement
aux Cours, doivent en conformité de l'Art. II. de la Déclaration de 1731 préter ferment pardevant le Lieutenant
Général defdites Juftices, & tenir un Regiftre féparé ,
cotté & parafé par ledit fieur Lieutenant Général, ou par
le premier ou le plus ancien Officier du Siége en fon abfence , dans lequel les Actes de donations défignées en
l'Article premier de ladite Déclaration , fi elles font faites
par un Acte féparé ; finon la partie de l'Acte qui contiendra la donation avec toutes fes charges ou conditions ,
feront inferez & enregiftrez tout-au-long , pour le parafe
defquels Regiftres il fera pris dix fols pour ceux de cin-
quante feuillets & au-deffous, vingt fols pour ceux de cent
feuillets , & trois liv. pour ceux qui contiendront plus de
cent feuillets.

Ces Regiftres doivent être clos & arrêtez à la fin de
chaque année à la diligence des Commis , par le Lieutenant Général , & en fon abfence par le premier ou le plus
ancien Officier du Siége , & ils doivent être remis quatre
mois après entre les mains du Greffier de la Jurifdiction ,
qui eft tenu d'en donner une décharge au bas du procès
verbal qui fera dreffé de la remife dudit Regiftre par ledit
fieur Lieutenant Général fans frais , fuivant l'Arrêt du 9
Avril 1718.

C

L'enregistrement fait sur ce Registre particulier ne dispense pas les Commis qui insinueront lesdites donations de les porter encore sur les Registres ordinaires, soit de Centiéme Denier, ou de l'Insinuation suivant le Tarif; mais il suffira de faire ce second enregistrement par Extrait, ainsi qu'il est d'usage pour les autres Actes sujets à l'Insinuation.

Au surplus l'on ne sçauroit trop recommander aux Commis Buralistes de se conformer chacun pour ce qui le concerne aux observations qui viennent d'être faites, la bonne régie & la conservation des droits de la Ferme l'exigent ; mais bien plus encore la tranquillité des Familles qui se trouveroit troublée par la nullité des donations qui s'ensuivroit infailliblement si ces Actes n'avoient pas été insinuez dans les Bureaux où ils doivent l'être suivant les distinctions qui ont été faites ci-dessus.

XXV. Il est défendu aux Commis d'antidater l'Insinuation des Contrats, à peine d'être poursuivis extraordinairement. Arrêt du 16 Juin 1717.

XXVI. Lorsqu'il leur sera présenté des Cessions d'usufruit de biens immeubles à controller, ils en percevront en même tems le demi-Centiéme Denier, soit qu'elles soient faites par l'Usufruitiere douairiere, le Donataire, le Légataire, ou par quelqu'autre que ce soit, au profit du Propriétaire du bien sujet audit usufruit, ou d'une tierce personne, moyennant une pension viagere, ou une somme une fois payée. Arrêts du Conseil des 22 Mars 1729, & premier Février 1746 ; & Décisions du même Tribunal des 3 Janvier 1738, 30 Octobre 1743, & 6 Août 1746, 21 Janvier, 15 & 22 Avril 1747.

XXVII. Ils doivent avoir une singuliere attention d'établir dans les déclarations qu'ils recevront au sujet du Centiéme Denier des successions collaterales, les noms de tous les héritiers, leurs qualités & demeures, le tems du décès de la personne de la succession de laquelle il s'agira, d'y faire detailler & circonstancier, autant qu'il sera possible, tous les biens immeubles de la succession article par article, leur nature noble ou roturiere, leur contenance, situation & mouvance, de faire donner à chaque partie de ces biens une estimation particuliere conforme à leur valeur au tems du décès, au soutien de laquelle ils feront rapporter les Baux à ferme ou autres Titres de propriété, & enfin de faire certifier & signer lesdites déclarations, sous les peines & amendes portées par les Réglemens.

Ils ne recevront aucune de ces déclarations d'une personne tierce qui se présenteroit au nom des héritiers, à moins qu'elle ne justifie d'une procuration en bonne forme signée desdits héritiers, laquelle doit être jointe à la déclaration après avoir été certifiée veritable par le Procureur institué : cette précaution est absolument nécessaire pour empêcher que les héritiers ne fassent faire des déclarations frauduleuses en se ménageant le moyen de les desavouer lorsqu'elles sont reconnues telles.

Les héritiers collateraux qui prétendent n'avoir succédé à aucuns immeubles, doivent en faire leur déclaration négative sur le Registre du Centiéme Denier, signée d'eux & affirmée véritable, sous les peines portées par les Réglemens.

XXVIII. Ils ne feront aucune remise de tout ou partie des triples droits de Centiéme Denier dûs par les héritiers collateraux, qu'ils n'en ayent reçu un ordre par écrit de la Compagnie, du Directeur, ou au moins de leur Ambulant, lequel ordre sera joint aux déclarations, autrement ils demeureront responsables en leurs propres & privez noms envers le Fermier du montant de la remise qu'ils auront faite.

XXIX. En cas de fauſſe eſtimation ou déclaration, l'Arrêt du 15 Septembre 1722 prononce 300 liv. d'amende contre les héritiers collateraux, outre la reſtitution du ſupplément du droit de Centiéme Denier & triple d'icelui de l'excédent des eſtimations, ou de la valeur des biens omis ; ainſi les Commis vérifieront toutes les déclarations qui auront été faites dans leur Bureau pendant les vingt dernieres années, & s'aſſureront de la quotité, ſituation & valeur des biens de chaque ſucceſſion au tems des décès, pour conſtater les parties deſdits biens qui auront été omiſes dans leſdites déclarations, & la différence qu'il y aura entre la valeur de ceux qui auront été déclarez & l'eſtimation qu'on leur aura donnée par leſdites déclarations, & ils rapporteront leur procès verbal des contraventions qui auront été commiſes dans l'un ou l'autre cas, au ſoutien duquel ils joindront les piéces qui contiendront la preuve de la fraude.

La fauſſeté des eſtimations doit être, autant qu'il eſt poſſible, prouvée par des Actes antérieurs aux déclarations, cependant à défaut de pareilles preuves, on peut recourir à celles qui naiſſent des Baux à loyers ou à ferme, & des Contrats de ventes ſubſéquents aux déclarations, pourvû qu'ils n'y ſoient poſtérieurs que d'un, deux, ou trois ans, & que les biens vendus n'ayent pas reçu des améliorations & augmentations dans l'intervalle de la déclaration au Contrat de vente. Déciſions du Conſeil des 30 Août 1728, & 3 Mai 1738, & Arrêt du 24 Juin 1746.

XXX. Lorsqu'il leur ſera apporté des teſtamens, codicilles ou donations à cauſe de mort faits autrement qu'en directe, contenants legs d'uſufruit ou de propriété de biens immeubles, non ſeulement ils percevront les droits de Controlle & d'Inſinuations ſuivant le Tarif, qui s'en trouveront dûs, mais ils engageront les Légataires

univerfels & particuliers à fournir & figner leurs déclarations fur le Regiftre de Centiéme Denier, aux termes &
fous les peines portées par les Réglemens, des biens immeubles aufquels ils auront fuccédé en propriété ou en
ufufruit en vertu des legs faits en leur faveur à l'effet d'en
payer les droits de Centiéme Denier pour la propriété,
& demi-Centiéme Denier pour l'ufufruit, & fi ces Légataires refufoient de faire fur le champ leurs déclarations,
ils feront un Relevé des Articles, qu'ils porteront fur leur
Sommier de découverte; & les fix mois du décès des Teftateurs expirez, ils feront décerner par leur Ambulant ou
l'Infpecteur des Contraintes contre ces Légataires, pour
les obliger à faire lefdites déclarations, & payer le fim-
ple & triple droit de Centiéme Denier ou demi-Centiéme
Denier.

Quant au paffé, ils feront un Relevé de ces fortes de
mutations fur les Teftamens, qui auront été controllez &
infinuez pendant les vingt derniéres années, pour en faire
payer les droits fimples & triples fur le pied de l'eftima-
tion qui doit être faite & affirmée véritable, de la maniére
dont on vient de l'expliquer, des immeubles compris aux
Legs univerfels & particuliers. Cette obfervation ne doit
s'entendre que des Teftamens ou Donations à caufe de mort
faits autrement qu'en directe, ou pour raifon defquels on
auroit omis de faire payer les droits de Centiéme Denier
& demiCentiéme-Denier des immeubles léguez en ufufruit
ou propriété.

Comme ces Legs ne contiennent pour l'ordinaire que
partie des biens des Teftateurs, & que le furplus paffe à
leurs héritiers collatéraux, les Buraliftes auront grande attention, en recevant ces déclarations, de fe procurer
une connoiffance exacte de l'univerfalité des biens-fonds
de la Succeffion de Teftateur ou Donateur, de leur confif-

tance, nature noble ou roturiere, ſituation, directe ou
mouvance & valeur, & après avoir diſtingué dans ces déclarations d'une maniére claire & préciſe, ce qui appartient
de ces biens aux Légataires univerſels & particuliers, & aux
Héritiers préſomptifs, ils feront payer à ces premiers les
droits qu'ils ſe trouveront devoir, & pourſuivront les autres
pour faire leur déclaration des parties de biens auſquelles
ils ſeront venus à poſſeſſion, dont ils leur feront pareillement payer les droits.

XXXI. Ils ne peuvent recevoir les droits de Centiéme
me Denier des Succeſſions collatérales, que pour les parties
de biens ſituez dans leur arrondiſſement; mais ils feront
un Relevé de celles qui ſeront dans d'autres arrondiſſemens
pour le remettre à leurs Ambulans, à chaque tournée de
recouvrement, afin qu'ils en portent les articles dans les
Bureaux où ils doivent être acquittez. Ils en uſeront de
même à l'égard des droits d'amortiſſemens, francfiefs,
échanges & autres de quelque nature qu'ils ſoient.

XXXII. Ils feront mention dans l'enregiſtrement des
Actes, portans tranſlation de propriété de biens immeubles, de la qualité noble ou roturiere deſdits biens & de
leur mouvance & cenſive, afin que les droits d'amortiſſemens, de francfiefs, échanges & caſuels féodaux, qui peuvent réſulter de ces mutations, ne puiſſent échaper au Fermier. Ils doivent même faire ſur le champ un Relevé deſdits
droits, & les porter ſur leurs Sommiers de découvertes par
ſuite de numeros; leur Ambulant n'aura plus qu'à vérifier
ſi ce Relevé a été fait exactement & s'il contient tous les
renſeignemens néceſſaires.

XXXIII. Les difficultez que les Curez & Vicaires
des Paroiſſes ont toujours faites de donner communication de leurs Regiſtres aux Employez de la Ferme, ayant
mis ceux-ci hors d'état de ſe procurer une connoiſſance

exacte des différens cafuels dûs à la Ferme, foit féodaux, Centiéme Denier ou francfiefs, il a été ordonné par Arrêt du Confeil du 12 Juillet 1746, qu'à l'avenir & à commencer au premier Janvier 1747, les Regiftres fur lefquels étoient infcrits confufément les Baptêmes, Mariages & Sépultures feroient divifez en deux, l'un defquels ferviroit à infcrire feulement les Actes de Sépulture, dont les Commis & Prépofez du Fermier pourroient prendre communication toutes-fois & quantes, fans qu'elle puiffe leur être réfufée par les Curez, Vicaires ou Deffervans dans les Paroiffes fous les peines portées par l'Article XIII. de la Déclaration du 20 Mars 1708; & qu'à l'égard des Regiftres qui fubfiftoient, & qui feroient continuez dans la même forme pendant le reftant de l'année 1746, les Employez pourroient également en prendre communication jufqu'au premier Janvier 1748, pour fe procurer la connoiffance des décès ci-devant arrivez & qui arriveroient jufqu'au premier Janvier 1747. laquelle communication ne pourroit non plus leur être refufée par les Curez, Vicaires & Deffervans fous les mêmes peines ci-deffus expliquées.

Ce Réglement, dont il a été envoyé un nombre fuffifant d'Exemplaires aux Directeurs pour en munir tous les Bureaux, ne laiffant aux Curez, Vicaires & Deffervans dans les Paroiffes, aucun prétexte de continuer leur refus de communiquer les Régiftres de Sépulture, les Commis ne fçauroient donner à la Compagnie des preuves plus marquées de leur zele & de leur attachement pour fes intérêts, qu'en travaillant fans perdre de tems au Relevé général des Extraits de Sépulture des 20. dernieres années dans chacune des Paroiffes de leur arrondiffement où il n'a pas été encore fait, & où il ne l'aura été qu'imparfaitement, & de le continuer jufqu'au premier Janvier 1747. dans celles où il a été commencé.

A l'égard des nouveaux Regiftres qui doivent êtr e tenus à compter du premier Janvier 1747. fur lequel doivent
feulement être infcrits les Actes de Sépulture, les Commis
fe tranfporteront de fix mois en fix mois dans chacune defdites Paroiffefpour y faire un dépouillement de tous les
décès arrivez pendant les fix derniers mois, pour en ajouter
fucceffivement les Articles au Relevé général qui aura été
fait fur les anciens Regiftres.

Ce Relevé doit être fait par ordre alphabétique, la pre-
miere Colonne duquel contiendra le nom de la Paroiffe,
ou les Particuliers feront décédez ; la feconde leurs noms
& leurs qualitez, la troifiéme le tems de leurs décès, & la
quatriéme les obfervations qui feront néceffaires à chaque
Article, pour diftinguer les fucceffions collatérales des directes & conftater la quotité, nature noble ou roturiere
des biens, leur valeur & fituation ; le nom propre du décé-
dé doit être mis avant celui de Baptême pour faciliter les
vérifications.

X X X I V. Cette opération donnera infailliblement
connoiffance de la plus grande partie des fucceffions collatérales ouvertes dans chaque Bureau, foit des perfonnes
majeures, foit des enfans mineurs décédez après le pere ou
la mere ; mais pour en tirer tout le fruit qu'il y a lieu d'efpé-
rer fans inquiéter mal-à-propos les héritiers qui pourroient
être en régle, les Commis compoferont une autre Table
alphabétique des fucceffions collatérales dont le Centiéme
Denier aura été payé depuis les 20. dernieres années, avec
laquelle ils conftateront les Articles qui paroîtront bon à
recouvrer, qu'ils porteront enfuite en découverte fur le
Sommier douteux dont il fera parlé ci-après.

X X X V. Les Commis ne doivent point borner leurs recherches au Relevé des Extraits de Sépulture, il eft encore
néceffaire de fçavoir quelles font les perfonnes de l'un &
l'autre

l'autre fexe, qui avoient des biens fituez dans leur Bureau, qui font décédées fans poftérité hors leur arrondiffement, ou qui font mortes au monde par leur profeffion en
Religion, après le décès de leurs pere & mere ou l'un d'eux,
ou réputez morts par une longue abfence, pour en porter
les Articles en découverte fur leur Sommier.

XXXVI. Enfin pour n'échaper aucune fucceffion collatérale il doit encore être fait pour chaque Bureau dans
les Greffes qui en dépendent, un dépouillement général à
mi-marge de tous les Actes de Tutelle & Curatelle contenant les noms des peres & meres, leurs qualitez & demeures & le nombre de leurs enfans, & la date des Actes: Et
cette opération faite avec l'exactitude qu'elle exige, les
Commis feront en état, foit en confultant la Table alphabétique des Extraits de Sépulture, foit en prenant des
éclairciffemens particuliers fur chaque Article, de fçavoir
quels font ceux de ces enfans qui feront décédez pendant
les 20. dernieres années, & les Biens immeubles qui dépendent de leurs fucceffions.

XXXVII. Les fucceffions collatérales vacantes ne doivent point non plus être oubliées. Les Commis en pourront
faire la découverte par la vérification des nominations
de Curateurs, ou des Enregiftremens qui auront été faits
de ces Actes fur les Regiftres des droits d'Infinuation.

XXXVIII. Toutes ces opérations conduites à leur
perfection, les Commis porteront fur les Sommiers des
droits certains de leur Bureau, les Articles qui fe trouveront bons à recouvrer, & formeront enfuite des demandes
pour le payement des droits qui s'en trouveront dûs, après
cependant avoir employé auprès des Redevables tous
les moyens qui peuvent les déterminer à payer volontai-
rement.

XXXIX. Les Commis doivent encore faire chez les

D

Notaires de leur arrondiffement un Etat bien circonftancié de tous les Teftamens, Codicilles & Donations à caufe
de mort, paffez depuis 1693, qui n'auront pas été controllez; & avec l'Etat alphabétique des Extraits de Sépulture
dont il eft parlé ci-devant, ils conftateront les décès des
Teftateurs & Donateurs arrivez pendant les 20. dernieres
années, & fuivront le recouvrement des droits de Controlle, Infinuation & Centiéme Denier, qui fe trouveront dûs;
fi quelques-uns de ces Actes donnent ouverture à des droits
d'amortiffement & francfiefs, ils en enverront les Articles à leur Directeur pour les faire employer en contrainte, après cependant les avoir portez fur leurs Sommiers de
découverte.

XL. Ils feront pareillement un Relevé de tous les Dons
mutuels, des Donations mutuelles ou réciproques entre
mari & femme & autres perfonnes, des Inftitutions con-
tractuelles en faveur des Collateraux & des autres Donations qui ne doivent avoir effet qu'après le décès des Donateurs, enfemble des Subftitutions; & enfuite ils conftateront les décès de ceux des Donateurs, inftituans & grevez
de Subftitutions, qui feront morts pendant les 20. dernieres années, pour faire payer les droits de Centiéme Denier
& autres qui fe trouveront dûs pour raifon des Biens immeubles aufquels les Donataires & Héritiers collateraux
auront fuccédé.

XLI. Ils doivent auffi former un Etat alphabétique des
partages controllez pendant les 20. dernieres années, &
un autre des Baux à Ferme paffez pendant le même tems.
Par ce premier Etat ils pourront découvrir les fucceffions
collatérales qui auroient pu échaper à leurs autres recherches, & par l'un & l'autre ils acquereront la connoiffance
des fraudes qui fe feront pratiquées dans les Déclarations
pour fucceffions collatérales, & feront en état de préve-

nir celles qu'on voudroit commettre à l'avenir.

XLII. Les Commis peuvent tirer une feconde utilité de ces Etats, & de la Table alphabétique des fucceffions payées : en les comparant les uns aux autres, il leur fera facile de connoître les contraventions qui auront été faites & qui pourroient fe faire à l'avenir par les Parties en n'eftimant les Biens portez dans les Actes de partage, que beaucoup au-deffous de leur jufte valeur. L'objet que préfentera la confrontation de ces Etats ne doit cependant pas décider les Commis de façon à les engager de rapporter fur le champ leur Procès verbal de la contravention ; avant d'en venir là, ils doivent recourir aux Partages & Baux à Ferme, & prendre enfuite le parti que leur indiquera la connoiffance qu'ils acquereront par cette derniere vérification.

XLIII. Comme dans beaucoup de Bureaux on a négligé d'infinuer les Titres cléricaux conténans Donations de Biens immeubles en propriété, foit en directe, ou en collatérale, les Commis qui fe trouveront dans ce cas feront un Relevé de ces Actes paffez pendant les 20. dernieres années, & en feront payer les droits de Centiéme Denier conformément à l'Arrêt du 31. Mars 1739.

XLIV. Les Titres cléricaux portant fimplement ceffion d'ufufruit de pareille nature de Biens font dans le même cas. Les Commis en feront auffi la recherche pour en faire payer le mi-Centiéme Denier, mais elle ne doit être faite qu'à compter du mois de Septembre 1729.

XLV. Les Baux à vie, ou ceffions par les Abbés à leurs Religieux, des fruits & revenus de leur Abbaye fe paffent ordinairement fous fignature privée, les Commis doivent encore en faire d'exactes recherches, foit en s'informant à quel Titre les Religieux jouiffent de la portion de leur Abbé, foit en vérifiant fur leurs Regiftres, fi ces Actes

ont été controllez fans avoir été infinuez, afin d'en faire
payer le Centiéme Denier fur le pied du Denier dix conformément aux Arrêts des 18. Juillet 1724. & 24. Mai
1729.

XLVI. Les Retraits féodaux faits en conféquence de
ceffion, de prélation ou du droit de Retrait féodal font auffi
fujets au droit de Centiéme Denier, tant pour le paffé,
que pour l'avenir, fuivant l'Arrêt du 3. Décembre 1737.
Les Commis en feront également la recherche depuis les
20. dernieres années, & feront enfuite les diligences
néceffaires pour opérer la rentrée des droits qui en feront dûs.

XLVII. L'Arrest du Confeil du 20. Mars 1742. ayant
jugé que les rembourfemens ou rachats des rentes foncieres non rachetables étoient fujets au Centiéme Denier,
les Commis auront auffi attention de percevoir ce droit
en même tems qu'ils controlleront ces Actes, & ils feront
la recherche de ceux qui auroient été omis en pareil
cas pendant les 20. dernieres années, pour les faire acquitter.

PETIT SCEL.

XLVIII. Tous les Commis font en droit de fceller les
expéditions des Actes des Notaires Royaux paffez avant
le premier Octobre 1706. il n'en eft pas de même des
Sentences & autres Actes qui émanent des Juges Royaux,
les expéditions ne peuvent être fcellées que par les Commis dans l'arrondiffement defquels fe tiennent les Jurifdictions Royales.

XLIX. L'Arrest du Confeil du 31. Décembre 1720.
porte que les Collecteurs des Tailles, de l'impôt du Sel &
autres impofitions feront tenus de repréfenter aux Receveurs defdites impofitions les quittances du payement qu'ils

auront fait du droit de Scel defdits Rolles ; & que faute
par lefdits Collecteurs d'en juftifier, le montant de ce droit
leur fera retenu par lefdits Receveurs fur le premier payement que lefdits Collecteurs leur feront, pour en compter fans frais au Commis du Fermier dans le chef-lieu de
l'Election ; & que dans le cas où lefdits Receveurs negli-
geroient de le faire, ils en demeureroient refponfables en
leurs propres & privez noms envers le Fermier, & feroient
contraints au payement defdits droits comme pour les propres deniers & affaires de Sa Majefté : Cependant jufqu'à
préfent ce Réglement eft demeuré fans exécution, & les
Commis des chefs-lieux d'Elections & des Greniers à Sel,
peu attentifs d'un autre côté à obliger les Collecteurs des
Tailles & de l'impôt du Sel & autres impofitions de faire
fceller leurs Rolles avant de les mettre à exécution, il s'en
eft enfuivi que les droits de la plus grande partie de ces
Rolles font encore à payer. Pour rémedier à cet abus, &
procurer dans le tems au Fermier la rentrée du Scel des
Rolles qui feront arrêtez à l'avenir pour toutes fortes d'impofitions, les Buraliftes des chefs-lieux d'Election & de
Greniers à Sel feront fignifier aux Receveurs des Tailles &
de l'impôt du Sel & autres impofitions copie de l'Arrêt du
31. Décembre 1720. avec fommation de s'y conformer,
& à la fin de chaque année ils feront fur leurs Regiftres
du petit Scel une vérification exacte pour conftater ceux
des Rolles arrêtez pour les impofitions de la même année
qui auront été fcellez & ceux qui ne l'auront pas été, &
ils obligeront les Receveurs des impofitions comprifes
dans ces derniers Rolles, pour lors en exercice, de fatisfaire perfonnellement aux droits que les Collecteurs auront
negligé d'acquitter.

A l'égard du paffé, les Commis doivent faire fur leurs
Regiftres du petit Scel un Relevé général par Paroiffe, de

tous les Rolles des Tailles , & de l'impôt du Sel & autres im-
positions qui auront été scellez pendant les 20. dernieres
années , & après avoir constaté pour chaque Paroisse le
nombre de ceux qui n'auront pas encore été scellez, ils
en porteront les Articles sur leurs Sommiers, & poursui-
vront aussitôt la rentrée des droits qui s'en trouveront dûs.

DROITS RESERVEZ.

L. Les Commis auront soin d'examiner si dans les Déclarations de dépens qui leur seront présentez pour acquitter le droit de Tiers, il n'y a pas de doubles & triples Emplois , & si les Procureurs ne comprennent pas différens
Articles dans un seul : cet examen est absolument nécessaire pour prévenir toutes surprises, & faire payer ce droit
sur chaque Article ; il est même indispensable que les Commis cottent par numero & parafent chaque page de ces
Déclarations.

LI. Ils ne doivent point s'en rapporter aux calculs que
les Procureurs font obligez de faire du montant des dépens portez dans les Déclarations , il est de leur devoir
de vérifier attentivement ces calculs ; & dans le cas où il
se trouvera des Articles en blanc, d'obliger ces Officiers
à les remplir, afin de percevoir sur le tout, les trois quarts
des droits de Controlle , & le quatriéme quart , lorsque
l'exécutoire est délivré.

LII. Ils doivent à la fin de chaque mois se faire remettre par les Greffiers, des Extraits des Jugemens portans
condamnation d'amendes arbitraires, & en suivre le recouvrement en vertu des contraintes qui seront décernées par
leur Ambulant ou l'Inspecteur.

LIII. Les droits des Actes de réception des Maîtres,
Aprentis, Syndics, Gardes & Jurez des Communautez des

Marchands, Arts & Mêtiers ont été totalement negligez
jufqu'à préfent. Comme ils font d'objet, & qu'aux termes
des Arrêts des 3. Mai 1723. 9. Juillet 1737. & 10. Juin
1738. le Fermier peut les prétendre depuis l'Arrêt du 20.
Mai 1722. qui leva la fufpenfion ordonnée par celui du
28. Octobre 1719. les Commis doivent faire au Greffe de
la Police un Relevé de tous ces Actes à compter de la date de ce premier Arrêt, pour en faire payer non feulement
le droit de petit Scel, mais encore les droits de Greffes,
ou les 2. fols pour livre des émolumens du Greffe, fi le Roi
ne jouit pas des droits en entier, enfemble les droits refervez des épices des Juges, fçavoir, les 4. fols pour livre pour
les receptions anterieures au premier Janvier 1733. & 3.
fols pour celles qui ont été faites depuis.

LIV. Ils feront auffi dans les Greffes Royaux de leur
Département un Relevé de toutes les réceptions d'Officiers
de Judicature qui auront été faites depuis la même année
1722, & pour lefquelles les droits refervez, petit Scel, &
de Greffes n'auront pas été payez, & obligeront ces Officiers à en lever les expéditions & acquitter lefdits droits.
Décifion générale du 22. Août 1745.

LV. Ce n'eft point fur les expéditions des Actes qu'ils
doivent mettre leurs quittances des droits refervez, c'eft
fur les Minutes : les Réglemens y font formels, & d'ailleurs
la bonne régie l'exige, parce qu'autrement il ne feroit pas
poffible de s'affurer fi ces droits fe payent exactement.

GREFFES.

LVI. Les Commis doivent réguliérement fe charger
en recette des droits des Actes d'affirmations de voyage,
à peine de 200 livres d'amende pour la premiére fois, & de
500 livres en cas de récidive. Edit de Septembre 1704.

LVII. Ils font également tenus d'enregiftrer jour par jour & de fuite, fans laiffer aucun blanc, les expéditions des Greffes, les préfentations, défauts & congez, à peine de 300 livres d'amende, & d'être procédé extraordinairement contr'eux. Déclaration du 12 Juillet 1695, Edit de Septembre 1704 & Arrêt du 25 Octobre 1723.

CONTROLLE DES EXPLOITS.

LVIII. Il eft défendu aux Commis de Controller aucun Exploit après le tems fixé par les Réglemens, à peine de faux & de 100 livres d'amende pour chacune contravention; ils doivent au contraire les retenir & rapporter leur Procès-verbal des contraventions. Arrêt du 13 Mai 1703.

LIX. Ils doivent enregiftrer les Exploits au moment qu'ils leur font préfentez, & arrêter tous les jours leur Regiftre, & en figner l'arrêté, à peine de 100 livres d'amende pour chacune contravention. Arrêt du 21 Mars 1676.

LX. Ils ne peuvent fous la même peine mettre leur relation fur les Exploits, qu'ils n'ayent été enregiftrez, controller fur des feuilles volantes, ni laiffer aucun blanc dans leurs Regiftres. Arrêt du 21 Mars 1676.

LXI. Ils font tenus de faire mention fur leur Regiftre de la date des Exploits, de leur nature, du nom de l'Officier qui les a faits, & de ceux des Parties, à peine de punition & de 100 livres d'amende. Arrêt du 21 Mars 1676.

LXII. Ils doivent enregiftrer les Exploits en autant d'Articles qu'il y aura de droits exigibles, fans pouvoir en pareil cas fe fervir du mot d'*Idem*, à peine de 100 livres d'amende. Arrêt du 25 Juin 1709.

LXIII. Ils ne peuvent enregiftrer aucun Exploit à la marge des Regiftres & hors des Articles & Colonnes réglées ;

glées, ni faire aucune rature, ni altération dans leurs enregiftremens, à peine de 100 livres d'amende. Arrêt du 21
Mars 1676. Quand ils fe trompent, ils doivent fe con-
tenter de barrer les mots, de façon qu'on puiffe les lire.

LXIV. Il leur eft fait défenfe de controller aucun Exploit fait en exécution & pour raifon d'Actes fous fignatures privées que lefdits Actes n'ayent été controllez, à peine de 300 livres d'amende pour chacune contravention.
Arrêts des 9 Mars & 27. Avril 1706. au Recueil des Actes.

LXV. Par celui du 27 Avril 1706, & un autre du
29 Décembre 1716, les Huiffiers & Sergens qui font des
Exploits, Affignations & demandes fur des Billets, & Actes
fous fignatures privées, étant tenus d'en donner des copies
dans le même Cahier de l'Exploit de demande, & d'en faire
mention dans l'Original, enfemble de la date du Controlle, du Bureau & du nom du Controlleur; & au cas que
les demandes foient formées fans titre par écrit, d'en faire
mention dans lefdits Exploits, à peine de nullité d'iceux,
& de 300 livres d'amende, tant contre l'Huiffier ou Ser-
gent qui aura donné ledit Exploit, que contre la Partie qui
s'en fera fervie, &c. Les Commis ne peuvent donner trop
d'attention à ce que ces Réglemens foient exécutez de
point en point, & dans le cas contraire ils rapporteront
leur Procès-verbal des contraventions, pour faire condamner les contrevenans aux peines & amendes prononcées contr'eux.

LXVI. Ils doivent auffi relever les Succeffions collatérales, Partages, Licitations, Echanges & autres Titres tranf-
latifs de propriété dont les Exploits peuvent donner connoiffance, pour examiner fi les droits de Centiéme Denier & autres qui réfulteront defdits Actes, ont été payez,
& s'ils ne l'ont pas été, ils feront les diligences néceffaires contre les redevables, pour les obliger à y fatisfaire.

E

LXVII. Il leur est encore défendu de faire à personne, ni à eux-mêmes, aucune remise, ni modération de droits de Controlle des Exploits, à peine de 100 livres d'amende pour chacune contravention. Arrêt du 21 Mars 1676.

LXVIII. Ils ne peuvent controller que les Exploits faits par les Huissiers de leur arrondissement, ou dans leur Arrondissement. Arrêt du 29 Décembre 1696.

LXIX. Ils doivent examiner si dans les Arrêts, Sentences & Jugemens, les Greffiers ont fait mention du Controlle des Exploits dans le vu des piéces de même que du Controlle des Actes sous signatures privées, ainsi qu'ils y sont obligez, & rapporter leur Procès verbal des contraventions qui auront été commises à cet égard.

LXX. Ils auront soin de bien distinguer à la fin de chaque Case de leur Registre, la nature des Exploits ; & lorsqu'il s'agira de Saisie, Exécution, Opposition ou main-levé, d'en faire mention en marge de l'Enregistrement par une M ou une S, afin que leur Ambulant ait plus de facilité à arrêter leur Compte.

LXXI. Ils doivent faire à l'expiration de chaque quartier, un Relevé de tous les Exploits controllez pendant ledit quartier, dont les droits sont demeurez en souffrance comme s'agissant de poursuites féodales, pour faire rendre les Aveux & Dénombremens des biens mouvans des Domaines du Roi, lequel Relevé sera remis à leur Ambulant, qui de son côté le rapportera au Directeur, afin que celui-ci tienne la main à la rentrée de ces droits, lors des réceptions des Actes de foi & hommage, conformément à l'Arrêt du 2 Août 1724.

LXXII. Les Procès-verbaux, Rapports & Exploits des Huissiers, Sergens, Gardes des Eaux & Forêts, des Certifications d'Affiches pour les Ventes de Bois de Sa Majesté

& de ceux des Communautez Eccléfiaftiques & des autres
Gens de main-morte, qui fe font à la requête de fes Procureurs; des Procès-verbaux de Récollement, Sentences
& Congez de Cour, Exploits & Affignations données aux
délinquans, Significations, Commandemens, Saifies-Exé-
cutions, Contraintes, Emprifonnemens & tous autres généralement quelconques, qui fe font à la requête des Procureurs du Roi aux Siéges des Eaux & Forêts, même lorfque les pourfuites fe font à la diligence des Receveurs
& Controlleurs des amendes, doivent être controllez *gratis*, fauf néanmoins au Fermier, en cas que par l'événe-
ment des Jugemens & condamnations intervenus fur les
pourfuites & diligences des Procureurs de Sa Majefté, il y
ait des reftitutions, dommages & intérêts adjugez au profit des Communautez Eccléfiaftiques ou Laïques & autres
Gens de main-morte ou particuliers, à fe pourvoir pour
le recouvrement des droits de Controlle, Petit-Scel des
Sentences & autres, contre ceux au profit defquels lefdites reftitutions, dommages & intérêts auront été pronon-
cez, à l'effet de quoi les Procédures feront communiquées
aux Commis du Fermier, pour connoître la nature & le
montant defdits droits. Arrêts des 19 Juillet 1729, & 16
Mai 1730.

Les Commis doivent donc encore faire à la fin de chaque quartier, un Relevé de tous ces droits, & en fuivre le
Recouvrement contre les Communautez Eccléfiaftiques
& Laïques, qui font tenues de les acquitter fuivant les Réglemens ci-deffus.

AMORTISSEMENS.

LXXIII. LES Commis feront fur leurs Regiftres du
Controlle des Actes, Infinuations & Centiéme Denier un

Relevé depuis les vingt derniéres années, de toutes les Acquisitions & Echanges faits par les Gens de main-morte, & des Donations & Fondations faites à leur profit, lequel Relevé contiendra les noms des Parties contractantes, la situation des héritages, s'ils sont nobles, en franc-aleu, ou en roture, de quelles Seigneuries ils sont mouvans ou en censive, le prix des acquisitions & la valeur des biens échangez & donnez, la date de l'Acte, & le nom & le domicile du Notaire qui l'aura reçu.

Ils doivent encore se rendre certains par d'exactes informations, si les Gens de main-morte n'ont point depuis la même époque, fait construire ou reconstruire des Bâtimens, pour en ajouter les Articles au Relevé dont il vient d'être parlé.

Lorsqu'ils auront mis la derniére main à ce Relevé, ils en vérifieront les Articles sur les Sommiers anciens & nouveaux de contraintes d'Amortissemens, & porteront ceux qui ne se trouveront pas employez en contraintes sur leur Sommier des droits certains par suite de numero.

LXXIV. Les estimations faites des biens immeubles donnez ou léguez aux Gens de main-morte, sont presque toujours frauduleuses, & le Fermier se trouve par-là privé de partie des droits d'Amortissemens qui lui sont dûs, & même de ceux de Centiéme Denier & de Controlle. Pour dévoiler cette fraude & la mettre dans tout son jour, les Commis feront sur leurs Registres du Centiéme denier un Dépouillement depuis les vingt derniéres années de chaque nature des biens-immeubles qui auront été donnez & léguez aux Gens de main-morte, ou qu'ils auront acquis à titre d'échange; & par le moyen des premiers Baux qu'ils en auront passez en entrant en possession, ils constateront la différence qu'il y aura entre les estimations qui auront été données ausdits biens, & leur vraie valeur, & enſuite leur Ambulant ou le Directeur auſquels ils doivent donner communication de cette opération, les dirigeront ſur ce qui ſera à faire pour ſe procurer la rentrée du ſupplément des droits d'Amortiſſemens de Controlle & de Centiéme Denier.

LXXV. Ce n'eſt pas-là l'unique moyen que les Gens de main-morte mettent en uſage pour ſe ſouſtraire au payement de tout ou partie des droits d'Amortiſſemens; l'expérience apprend qu'ils ne ſe font point ſcrupule de faire des acquiſitions ſous des noms empruntez, & de ſe faire faire par les Particuliers qui paroiſſent acquereurs des Contre-lettres ſous ſignatures privées, afin de faire prendre le change au Fermier ſur ces mutations. Comme cette ſubtilité eſt d'une dangereuſe conſéquence pour la Ferme, les Buraliſtes doivent ſe donner tous les ſoins néceſſaires pour pénétrer ces mutations & celles qui peuvent être arrivées par Contrats ſous ſignatures privées, ſoit par vente, échange, fondation, donation, dotation ou autrement; pour cet effet ils doivent prendre dans chacune des Paroiſſes de leur Arrondiſſement des éclairciſſemens certains ſur ce qui regarde en particulier chacune de ces mutations, & en compoſer un état qui contiendra la ſituation & la valeur des biens, les noms des perſonnes qui en auront fait la ceſſion, ceux des Particuliers qui paroîtront acquereurs, ceux des Gens de main-morte au profit deſquels la Tranſmiſſion aura réellement été faite, & enfin le tems auquel ces derniers ſont venus à poſſeſſion. Cet état parfait, les Commis doivent faire faire une ſommation à la requête du Fermier à chaque Communauté Religieuſe de l'un & de l'autre ſexe, aux Communautez Laïques & aux Fabriques de leur Arrondiſſement, de leur fournir conformément aux Articles XXII. de la Déclaration du 9 Mars 1700, & XIV. de l'Edit de Mai 1708, une déclaration circonftanciée de tous les biens qu'ils auront acquis à quelque titre que ce foit, à peine, en cas de refus de fournir ladite déclaration, de 1000 livres d'amende prononcée par ledit Article xiv. de l'Edit de Mai 1708, & en cas d'omiffion de quelques parties des biens dans la déclaration qu'ils fourniront, de l'amende du triple droit d'Amortiffement dû pour les biens qui auront été omis, ainfi qu'il eft porté par l'Article xii. de la Déclaration du 9 Mars 1700.

Par le moyen de cette Sommation, ils mettront les Gens de main-morte dans la néceffité, ou de déclarer tous les biens qu'ils auront acquis à quelque titre que ce foit, ou de payer les amendes prononcées par les Réglemens ci-deffus citez. Dans le premier cas ils enverront à leur Directeur un Etat circonftancié de tous les biens pour lefquels les Gens de main-morte n'auront pas encore payé les droits d'Amortiffement; & fi au contraire lefdits Gens de main-morte refufent de faire lefdites déclarations, ou les faifant, qu'ils omettent d'y employer quelques parties de biens, ils en inftruiront leur Directeur, qui fera en conféquence ce qui fera néceffaire pour obtenir la condamnation des amendes encourues.

MODELE DE LA SOMMATION.

L'AN. . . . . à la requête de. . . . . . . Soufermier des Domaines du Roi & droits y joints de la Généralité de. . . . . pourfuite & diligence de. . . . . fon Directeur & Procureur fpécial en la Ville de. . . . . . y demeurant, au Bureau duquel il a élu fon domicile, & d'abondant en celui du Sieur. . . . . fon Receveur à. . . . Je fouffigné certifie avoir en conféquence des Articles xxii. de la Déclaration du 9 Mars 1700. & xiv. de l'E-

dit de Mai 1708, fait fommation à. : : : : : : : : de
fournir dans un mois pour tout délai audit. . . . .
entre les mains dudit Sieur. . . . . fon Commis,
une déclaration exacte & certifiée fincere & véritable,
de tous les biens-immeubles qu'ils ont acquis fous des
noms empruntez ou par Actes fous fignatures privées, foit
à prix d'argent, dotations ou autrement, enfemble des
fondations de fommes mobiliaires & de rentes conftituées
ou fonciéres qui leur ont été faites par Actes privez ou
verbalement, proteftant que faute par lefdits. . . . . . .
de fatisfaire à la préfente Sommation dans ledit tems d'un
mois, ils feront contraints au payement de l'amende de
1000 livres prononcée par l'Article xiv. de l'Edit de Mai
1708, & qu'en cas d'omiffion de quelques parties de biens
dans la déclaration qu'ils fourniront en conféquence de
la préfente Sommation, ils feront également contraints au
payement de l'amende du triple des droits d'Amortiffemens, qui fe trouveront dûs pour les biens omis, & ce
conformément à l'Article xii. de la Déclaration du 9 Mars
1700. Fait, &c.

F R A N C F I E F S.

LXXVI. Pour parvenir à une connoiffance par-
faite des différentes mutations de biens nobles poffedez
par des Roturiers, il eft néceffaire que chaque Commis
faffe un Etat de ceux qui font fituez dans les Paroiffes de fon
Arrondiffement, foit qu'ils foient poffedez par des Roturiers, ou par des perfonnes nobles.

Cet Etat qui fera fait à mi-marge & par Paroiffes,
doit contenir la nature du bien, fa fituation, fa mouvance, fon revenu, le nom du Propriétaire; fa qualité
noble ou roturiére, le tems auquel il eft venu à poffeffion,
& la nature de la mutation.

La marge droite dudit Etat contiendra le Texte com-
poſé du nom du Fief & de celui du Propriétaire avec les
obſervations détaillées au précédent Article, & la gau-
che ſervira à mettre les Apoſtilles néceſſaires à l'intelligence de l'Article employé au Texte.

Ces Apoſtilles à l'égard du Roturier contiendront la
date & l'article de la contrainte qui aura été décernée pour
le Francfief, le payement fait en conſéquence & ſa date,
la mutation ou l'expiration d'affranchiſſement qui aura
occaſionné ce payement, les mutations qui ſeront arrivées depuis ce payement, & enfin le tems auquel chaque Article ſera bon à être employé en contrainte, ſoit
par rapport aux nouvelles mutations, ſoit à cauſe des expirations d'affranchiſſement.

Le principal moyen dont les Commis doivent ſe ſervir pour compoſer cet Etat, eſt d'examiner avec grande
attention les Sommiers de contraintes des droits de Franc-
Fiefs qu'ils ont par-devers eux, tant de la Ferme actuelle,
que des précédentes, ſur leſquels ils trouveront partie
des Fiefs ſituez dans leur Arrondiſſement.

Le ſurplus peut ſe découvrir en prenant communication des Actes de foi & hommage, Aveux & Dénombremens rendus aux Bureaux des Finances & Chambre des
Comptes, & aux Procureurs Fiſcaux & Greffiers des Seigneurs particuliers, qui ſont tenus de les communiquer
au Fermier & à ſes Commis.

En liſant avec attention les Actes, Exploits, Sentences
& autres Actes qui ſont apportez à leur Bureau.

En tenant la main à l'exécution des Arrêts du Conſeil
des 26. Avril 1712. & 29 Août 1721. qui obligent les Notaires à faire mention, dans les Contrats de vente qu'ils
reçoivent, de la nature noble ou roturiere des Biens, &
du Fief d'où ils relevent, à peine de 300. livres d'amende.

Et

Et enfin par les perquisitions particulieres, qu'ils peuvent faire dans chacune des Paroisses de leur arrondissement, & dans les Etudes & Greffes de leur arrondissement.

F O R M U L E.

LXXVII. LES Commis des Généralitez dans lesquelles
la Formule appartient au Fermier du Domaine veilleront attentivement à ce que les Registres que doivent tenir les
Négocians, & Marchands tant en gros qu'en détail, les
Agens de Change & de Banque, suivant le Réglement du
mois de Mars 1673; les Concierges des Prisons Royales &
Seigneuriales, suivant les Ordonnances de 1549 & 1670, &
la Déclaration du 6 Janvier 1680; les Huissiers Audienciers
dans les Cours Royales du Royaume de toutes les Causes
portées & recitées aux Audiences conformément à leur Edit
de création du mois d'Octobre 1693; les Jurez, Priseurs,
vendeurs de meubles dans tout le Royaume des opposi-
tions qui sont faites à la délivrance des deniers provenans
des ventes des meubles qu'ils auront faites, suivant leur Edit
de Création du mois d'Octobre 1693. les Procureurs, suivant l'Ordonnance du mois de Juin 1680, & l'Arrêt du Parlement du 28 Mars 1692. les Greffiers des Parlemens &
Cours supérieures des Bailliages, Présidiaux, Sénéchaussées,
Prévôtez & autres Jurisdictions tant Royales que Seigneuriales, suivant l'Ordonnance de 1670, & les Réglemens des
mois de Mars 1673, Avril 1674, Juin 1680, Avril 1690,
Juin 1691 & 1695; ceux des présentations des Deman-
deurs & Défendeurs, suivant la Déclaration du 12 Juillet
1695; ceux des Bureaux des Finances, ceux des Elections
& Greniers à Sel, ceux des Jurisdictions des Manufactures
d'Etoffes & autres, suivant la Déclaration du mois d'Août
1669; ceux des Jurisdictions des Monnoies & des Ami-

rautez, les Procureurs du Roi, les Huissiers audienciers, Visiteurs & autres Sergens de l'Amirauté, & le Receveur de l'Amiral, suivant l'Ordonnance du mois d'Août 1681; les Interprêtes & Courtiers, Conducteurs des Maîtres de Navire, suivant la même Ordonnance; les Greffiers des Maisons de Ville & Communautez, ceux des Bureaux du Clergé qui connoissent de l'imposition des Décimes & du Don gratuit, ceux qui seront à l'Assemblée du Clergé dans les Provinces, ceux des Cours Métropolitaines des Archevêchez qui reçoivent les appellations des Officialitez, les Secrétaires des Archevêques, Evêques & de leurs Grands-Vicaires pour y inserer toutes les expéditions qu'ils délivrent, & les délibérations & résultats de Synodes, les Secrétaires & Greffiers des Archevêchés & Evêchés pour y inserer les Actes de nominations, réquisitions, notifications & renouvellement de Grades, les Greffiers des Universitez, suivant les Ordonnances du mois de Juin 1680; ceux des Officialitez, ceux des Insinuations Ecclésiastiques des Gens de main-morte, suivant l'Edit de Décembre 1691, & l'Arrêt du 12. Juillet 1746; les Greffiers & Secrétaires des Chapitres, Communautez Religieuses & Hôpitaux, suivant l'Arrêt du Conseil du 3. Mars 1739; ceux des Eaux & Forêts & autres Officiers des Maîtrises, suivant l'Ordonnance des Eaux & Forêts; ceux des Gardes-Marteaux, des Martelages, des Pieds Corniers, Baliveaux & autres Arbres, suivant la même Ordonnance; les Gruyers, suivant ladite Ordonnance; les Sergens & Gardes des Rivieres & Bois des Procès verbaux de leurs Visites, Rapports, Exploits & tous autres Actes de leur charge, suivant l'Article VII. de ladite Ordonnance; les Arpenteurs des Grands Maîtres, & des Maîtres particuliers, suivant ladite Ordonnance; les Curez, Vicaires, Chapitres, Communautez séculieres & régulieres & autres Eglises qui sont en possession d'administrer les

Batêmes, & célébrer les mariages, ou de faire des inhumations pour y infcrire les Batêmes, Mariages & Sépultures, fuivant la Déclaration du 9 Avril 1736, & l'Arrêt du 12 Juillet 1746; les Communautez Religieufes de l'un & l'autre fexe pour y infcrire les Tonfures, Ordres Mineurs & Sacrez, Vêtures, Noviciats & Profeffions, fuivant l'Ordonnance du mois d'Avril 1667; les Economies fequeftres dans tous les Diocéfes, fuivant l'Edit de Décembre 1691; les Receveurs, Tréforiers généraux & particuliers, Payeurs & leurs Controlleurs, fuivant l'Arrêt du Confeil du 3 Avril 1674; les Receveurs des Confignations des Tailles, des Décimes, Commiffaires aux Saifies réelles & autres, & les Receveurs généraux des Finances, & leurs Controlleurs des Domaines, & les Tréforiers des Etats, les Tréforiers généraux de la Marine, des Galeres, des Fortifications des Places maritimes & de leurs Controlleurs généraux, fuivant l'Edit de Novembre 1691; les Commis à la defcente des Sels pour y marquer les jours que les defcentes auront été faites & que les maffes auront été entamées, fuivant l'Ordonnance du mois de Mai 1680; les Greneriers, leurs Controlleurs, les Greffiers & les Commis des Greniers à Sel, fuivant la même Ordonnance; les Regratiers, fuivant ladite Ordonnance; les Commis aux Recettes des entrées, Aides & autres droits, les Commis aux exercices des Aides, fuivant l'Ordonnance du mois de Juin 1680; les Maîtres de Forges, fuivant l'Article III. du Titre des droits de marque fur le fer & l'acier; les Commis aux exercices des Forges, fuivant l'Article VII. du même Titre; les Commis de la marque fur l'Or & l'Argent, fuivant l'Article V. du Titre des droits de ladite marque; les Commis à la Recette de tous les droits du Roi, les Maîtres de Coches & Carroffes, les Gardes & Jurez ou leurs prépofez de toutes Marchandifes qui auront été déchargées dans les lieux deftinez à leurs vi.ites, suivant les Ordonnances du mois d'Août 1 6 6 9 ; & pour y enregistrer les amendes prononcées contre les Marchands trouvez en fraude, suivant le Réglement du Conseil du 8 Mars 1 6 8 6 , les Maîtres Teinturiers ou leurs veuves, de toutes les Soies, Laines & Fils, Etoffes & Marchandises qu'ils teindront suivant l'Article lxxxv. des Statuts, des Teintures & autres Registres qui peuvent être représentez, compulsez, ou faire foi en Justice, soient en papiers timbrez : & en cas de contravention il en sera rapporté Procès verbal, qui sera envoyé aussitôt à la Direction pour faire condamner les contrevenans aux amendes prononcées par les Réglemens.

Suivant l'Article iv. du Réglement du Conseil du trois Avril 1 6 7 4 , & les Déclarations du Roi des 1 9 Juin & 2 4 Juillet 1 6 9 1 , & 1 6 Juillet 1 6 9 4 , tous les Arrêts, Sentences ou Jugemens diffinitifs, rendus aux Requêtes du Palais, aux Bailliages, Siéges Présidiaux, Elections, Greniers à Sel, Prévôtez, Chatellenies, Amirautez & autres Justices Royales, à l'exception des Sentences des Jurisdictions Consulaires, ensemble les Contrats & Obligations que les Parties voudront mettre à exécution, doivent être expédiez en parchemin, à peine de faux, de nullité & de 100 livres d'amende contre les Greffiers, Notaires & Tabellions qui les auront délivrez en papier, & contre les Huissiers & Sergens qui les auront mis à exécution.

A l'égard des Sentences interlocutoires de provision ou d'appointement elles doivent être pareillement expédiées en parchemin dans les lieux où elles y étoient expédiées avant l'Edit du mois de Mars 1 6 7 3 , & en papier où elles n'étoient expédiées qu'en papier avant ledit tems, conformément à l'Article vii. de la Déclaration du 2 8 Août 1 6 9 1 .

Les Commis auront encore attention à ce que ces Réglemens soient exactement exécutez.

D O M A I N E.

LXXVIII. Les Commis doivent compofer un Etat à mi-marge des Terres, Seigneuries, Fiefs, Biens nobles & roturiers fituez dans leur Arrondiffement qui font dans les mouvances & cenfives du Roi, fur lequel ils feront mention en marge de chaque Article, de la valeur des biens & des noms des Propriétaires, de leur qualité, & s'ils ont des héritiers directs ou non.

Ils doivent comprendre dans cet Etat, les Domaines du Roi qui auront été engagez, & faire mention à chaque Article du tems des engagemens, s'ils font à titre d'inféodation, de propriété incommutable, à perpétuité, à faculté de rachat perpetuel, ou à vie feulement.

Ils auront attention, pour ce qui concerne les engagemens à vie, de fe faire fournir des Certificats de vie des Engagiftes à la fin de chaque année conformément aux Arrêts des 2. Mai 1724, & & 10 Juin 1738, & il les enverront à leur Directeur pour les vifer & les adreffer à la Compagnie.

Lorfque quelques-uns des Engagiftes à vie feront décédez, ils en inftruiront auffi-tôt leur Directeur, qui fera de fon côté les diligences néceffaires pour faire rentrer en la main du Roi les biens qui feront l'objet des engagemens.

L'Etat dont on vient de parler étant fait & bien circonftancié, ils conftateront toutes les mutations arrivées depuis 30 ans, foit par vente, échange, donation, décrets & autres actes, foit par Succeffion collatérale ou autrement, tant dans les biens fituez dans les mouvances & cenfives du Roi, que dans ceux qui auront été aliénez par Meffieurs les Commiffaires du Confeil à titre d'inféodation, de propriété incommutable , & à perpétuité , afin d'acquerir la connoiſſance des droits de lods & ventes, quint & réquint , réliefs & autres caſuels féodaux qui ſe trouveront dûs ſuivant les Coutumes des lieux, deſquels droits ils remettront auſſitôt les Etats à leur Directeur, qui en fera l'uſage convenable.

LXXIX. Il n'eſt pas moins eſſentiel de faire la découverte des droits d'échange échus depuis les 30 dernieres années ; pour y parvenir promptement, ils dreſſeront un Etat des Paroiſſes de leur Arrondiſſement dans leſquelles leſdits droits n'auront pas été aliénez, ou pour leſquels les Engagiſtes particuliers n'auront pas payé le doublement de Finance ordonné par la Déclaration du 11 Août 1705, & ils en compoſeront un autre de tous les Contrats d'échange de biens ſituez dans leſdites Paroiſſes paſſez pendant les 30 dernieres années, dans lequel ils comprendront ceux dont les biens ſe trouveront dans les mouvances & cenſives des Domaines du Roi, deſquels droits d'échange, pour les biens ſituez dans les directs des Seigneurs, ils ſuivront le recouvrement, après néanmoins en avoir porté les Articles en découverte ſur le Sommier du Bureau, & ils enverront à leur Directeur un Relevé de ceux qui ſe trouveront dans les mouvances & cenſives du Roi, pour que le recouvrement en ſoit fait à la requête du Receveur général au deſir de l'Article premier de l'Arrêt du Conſeil du 13 Octobre 1739.

LXXX. Les Commis doivent encore faire la recherche des Aubaines, Batardiſes, Deshérences, Epaves & Confiſcations ouvertes pendant les 30 dernieres années, & envoyer ſur chaque Article un Mémoire bien circonſtancié à leur Directeur, afin que celui-ci faſſe toutes les démarches néceſſaires & uſitées dans pareille occaſion.

LXXXI. L'indemnité eſt un droit que les Gens de

main-morte doivent aux Seigneurs de Fiefs & hauts Jufti-
ciers à caufe des héritages dont ils deviennent propriétaires par acquifitions, donations, legs, fondations, échanges ou autrement, pour dédommager ces Seigneurs de la
perte qu'ils font des droits féodaux dûs aux mutations, &
de ceux qui pourroient encore leur échoir par confifcation,
deshérence & batardife.

Ce droit doit être réglé relativement aux Coutumes;
& quand elles n'en parlent pas, la Jurifprudence du Parlement de Paris, fuivant les Arrêts des 22 Décembre 1556,
9 Avril 1565 & 28 Mars 1692, eft qu'il foit fixé au cin-
quiéme pour les biens en cenfive, au tiers pour ceux qui
font en fiefs, & au dixiéme de l'indemnité ordinaire pour
ceux qui font fituez dans l'étendue des hautes Juftices.

L'Indemnité dûe au Roi en conféquence de la Déclaration du 21 Novembre 1724 doit être reglée fur le même
pied pour les biens que la main-morte acquiert dans fes
mouvances & cenfives, & dans l'étendue de fes Juftices,
à l'exception cependant du Comté de Bourgogne, pour lequel il eft ordonné par une autre Déclaration du 18 Mai
1731, que l'indemnité des fiefs & héritages féodaux fituez dans la mouvance & dans la haute Juftice du Roi fera
fixée fur le pied du dixiéme de la valeur defdits biens; &
que dans le cas où lefdits fiefs & héritages féodaux feront
feulement fituez dans la Juftice de Sa Majefté fans être
dans fa mouvance, elle ne pourra être reglée que fur le
pied du dixiéme de la fomme qui feroit dûe, fi lefdits biens
étoient dans la mouvance du Roi; & qu'à l'égard des biens
de roture les Gens de main-morte ne feront tenus pour
toute indemnité que des lods & ventes de 29 en 29 ans.

Les biens font dans la directe du Roi, lorfqu'ils font fituez dans l'étendue d'une Seigneurie qui lui appartient
immédiatement, & à caufe de laquelle il eft dû à Sa Ma-

jeſté des droits de quint & requint, lods & ventes & re-
liefs aux mutations qui arrivent.

Les biens ſont ſituez dans les hautes Juſtices lorſqu'ils
ſont dans les Seigneuries, qui n'ayant que moyenne & baſ-
ſe Juſtice, relevent du Roi comme Seigneur médiat d'une
terre ſur laquelle Sa Majeſté a la haute Juſtice.

L'indemnité eſt auſſi dûe pour les biens allodiaux & pour
ceux qui ſont en franche-Bourgeoiſie, quoique les mutations ordinaires ne donnent point ouverture au profit des
Fiefs, par la raiſon qu'ils ſont ſujets au droit de deshérence,
à la confiſcation & aux droits d'Aubaine & Batardiſe dont
le Roi & les Seigneurs ſont privez par la propriété des Gens
de main morte. Cette queſtion a été décidée par Arrêts du
Conſeil des 6. Mars 1742, 14 Août 1744, 22 Mai 1745,
15 Février, 4 Juin & 2 Novembre 1746.

Les indemnités qui ſont dûes au Roi à cauſe de ſes Domaines actuellement en ſes mains, ne doivent point être
payées en eſpéces; il eſt au contraire ordonné par les Déclarations des 21 Novembre 1724, & 18 Mai 1731, &
l'Arrêt du Conſeil du 20 Novembre 1742, qu'il ſera créé
des rentes foncieres & non rachetables ſur le pied du denier 30 des ſommes auſquelles elles ſe trouveroient mon-
ter, & qu'à cet effet les Gens de main-morte ſeroient tenus
de repréſenter aux Receveurs généraux des Domaines &
Bois leurs Titres de propriété, & de leur en laiſſer copie
dans les trois mois, à compter du jour de leurs dates, pour
faire procéder à la liquidation d'icelles, & ce à peine de
100 livres d'amende partagéable entre le Fermier & le
Receveur général des Domaines.

Comme la liquidation de ces rentes doit être faite au
Conſeil il faut néceſſairement rapporter les Extraits des
Actes de propriété des Gens de main morte, contenant leur
date, le nom du Vendeur, Donateur, Teſtateur & Fon-
dateur, & la quotité & la valeur des Biens.   Ces

Ces Extraits doivent auſſi déſigner clairement la ſituation de l'héritage, ſa qualité, s'il èſt tenu en fief ou en roture, s'il eſt dans la mouvance ou cenſive du Roi, ou s'il eſt ſimplement ſitué dans l'étendue de ſa haute Juſtice, & quelle eſt la Coutume qui régit le bien, afin que ſur le vu de ces extraits le Receveur général des domaines & bois puiſſe donner ſon avis, & que le Fermier puiſſe enſuite demander au Conſeil un Arrêt de liquidation deſdites rentes, & la condamnation des amendes.

Le dépouillement des Actes tranſlatifs de propriété au profit des Gens de main-morte doit être principalement fait ſur les extraits de contraintes d'Amortiſſemens qui ſont dans chaque Bureau; mais comme pour l'ordinaire les Renſeignemens portez en ces contraintes ne ſont pas aſſez précis ni aſſez étendus pour ſervir de fondement à la liquidation des droits dont il s'agit, il faut abſolument avoir recours aux Actes originaux pour mettre dans les extraits demandez, tout ce qui eſt expliqué être néceſſaire pour parvenir à l'objet propoſé.

Comme les acquiſitions faites par les Hôpitaux, qui ſont affranchis des droits d'Amortiſſemens ſont néanmoins ſujettes au droit d'indemnité, il faudra faire une vérification exacte de tous les biens ſituez dans les mouvances & cenſives du Roi ou dans l'étendue de ſes hautes Juſtices, acquis à quelque titre que ce ſoit par leſdits Hôpitaux & autres Gens de main-morte qui jouiſſent de l'exemption du droit d'Amortiſſement, comme les Ecoles de Charité, d'inſtruction gratuite, &c. Cette vérification particuliere doit être faite ſur le Regiſtre du Centiéme Denier.

Les Relevez des Actes dont il s'agit doivent être faits à compter du 21 Novembre 1724, juſqu'à préſent. Et afin que la Compagnie n'ait rien à imputer aux Com-

G

mis Buraliftes, il fera dreffé dans chaque Bureau, à défaut
de Relevé defdits Actes, un Certificat négatif portant
que vérification faite, il ne s'eft trouvé aucun Acte dans les
cas ci-deffus exprimez, ou que de tous les lieux qui com-
pofent l'Arrondiffement du Bureau, il n'en eft aucun fitué
dans les mouvances, cenfives & haute Juftice du Roi.

Au furplus les Commis auront foin, lors du payement
des droits d'Amortiffement, d'en infinuer les quittances
& de percevoir le droit d'Infinuation fur le pied réglé par
l'Article II. du Tarif, foit que l'Amortiffement foit caufé
pour raifon de chofes mobiliaires, ou pour des biens immeubles dont la propriété eft acquife à la main-morte.

Ils percevront aussi en même-tems l'Infinuation des
quittances d'indemnité dans tous les cas où il s'agira de
biens immeubles fituez dans les directes de Sa Majefté, ou
dans celles des Seigneurs particuliers, même pour ceux
qui font en franche Bourgeoifie, en francaleu, ou fituez
dans les hautes Juftices, parce que comme on l'a déja
obfervé, l'indemnité eft dûe de ces biens, lorfqu'ils paffent
à la main-morte en toute propriété pour le dédomma-
gement qui eft dû au Roi & aux Seigneurs particuliers
de la perte qu'ils font des profits de fiefs & des droits de
faifine, amendes, deshérences, confifcations, aubaines
& bâtardifes, qui leur reviendroient fi lefdits biens ref-
toient dans le commerce.

Cette prétention à l'égard des biens fituez dans les Hautes Juftices, & de ceux en franche bourgeoifie & en franc-
aleu eft conforme aux Déclarations des 21 Novembre
1724, & 18 Mai 1731, à l'Arrêt du Parlement de Paris
du 28 Mars 1692, & à ceux du Confeil des 6 Mars 1742,
14 Août 1744, 22 Mai 1745, 15 Février, 4 Juin & 2
Novembre 1746, ci-devant citez, les uns & les autres de
ces Réglemens décident formellement que lefdits biens

font fujets à l'indemnité lorfqu'ils paffent à la main-morte, conféquemment les quittances de ce droit doivent être infinuées fur le pied réglé par l'Article II. du Tarif du 29 Novembre 1722. C'eft d'ailleurs ce qui a été jugé par Décifions du Confeil des 17 Décembre 1746, & 25 Fevrier 1747.

Ainfi, outre la recherche des droits d'indemnité dûs au Roi, les Buraliftes feront un Relevé féparé de tous les biens que la main-morte aura acquis par acquifitions, donations, échanges, legs, fondations ou autrement, foit que lefdits biens foient en franche bourgeoifie ou en franc-aleu, foit qu'ils foient fituez dans les mouvances, cenfives & hautes Juftices du Roi, ou dans celles des Seigneurs particuliers, afin de faire payer l'Infinuation des quittances d'Indemnité.

Il faut cependant obferver que les droits d'Infinuation des quittances d'Indemnité des biens fituez dans les mouvances, cenfives & Juftices du Roi, ne peuvent être exigez qu'à compter de la Déclaration du 21 Novembre 1724; mais quant à ceux dûs pour les biens fituez dans les directes & hautes Juftices des Seigneurs particuliers, le Confeil ayant jugé par Décifions des 20 Novembre 1745, 10 Décembre 1746, & 29 Avril 1747, que le laps de tems de vingt années ne pouvoit à cet égard être oppofé au Fermier, parce que les quittances d'Indemnité étant fous fignature privée, elles n'avoient point de dates pour lui; on peut les prétendre pour toutes les acquifitions que les Gens de main-morte ont faites à prix d'argent ou autrement depuis 1704.

Quoiqu'il foit libre aux Seigneurs de requerir quand il leur plait, les droits d'Indemnitez qui leur font dûs, les Parties ne peuvent en argumenter pour fe fouftraire à la prétention qui vient d'être établie; les Décifions du Confeil des 27 Décembre 1737, 4 Fevrier, 26 Juin & 4 Décembre 1741, 28 Décembre 1744, 10 Avril, 26 Juin & 20 Novembre 1745, portent expreffément que l'Infinuation des droits d'Indemnitez eft acquife & exigible du jour des Contrats, foit que les quittances defdits droits exiftent ou non.

LXXXII. Le Roi ayant ci-devant aliéné à des prix très-modiques des rentes & redevances albergues dûes à fon Domaine, foit en argent, foit en grains, dont la plupart avoient été engagées ou rembourfées fur le pied du Denier Douze & du Denier Quinze, & Sa Majefté s'étant apperçue du préjudice confidérable que lui caufoient ces aliénations, elle ordonna par Arrêt du 14 Mai 1721, que les poffeffeurs defdites rentes & redevances qui en feroient débiteurs, ou acquereurs n'y feroient maintenus qu'en donnant leur déclaration par écrit entre les mains de Meffieurs les Intendans de Province dans un mois, & en payant dans la quinzaine fuivante le double de la finance payée pour l'affranchiffement defdites rentes rembourfées au Denier Douze, & pour celles aliénées fur le pied du Denier Quinze un fupplément de finance jufqu'au Denier Vingt-quatre, faute de quoi, que la jouiffance de ceux qui avoient acquis lefdites rentes & redevances fur le pied du Denier Douze, demeureroit réduite à la moitié, & à proportion pour celles aliénées au Denier 15, & que le furplus feroit réuni au Domaine dont le Fermier jouiroit à compter du premier Janvier 1721.

Les poffeffeurs defdites rentes n'ayant point fatisfait à l'Arrêt du 14 Mai 1721, le Roi ordonna par celui du 23 Juin fuivant, & par un autre du 16 Janvier 1725, que moitié defdites rentes aliénées fur le pied du Denier Douze, & proportionnellement pour celles aliénées au Denier Quinze feroient réunies au Domaine, & qu'en conféquence

Baffet alors Régiffeur décerneroit fes contraintes pour le payement des arrérages échus depuis le premier Janvier 1721.

C'eft en vertu de ces Réglemens & des Arrêts des 26 Janvier 1740, & 10 Décembre 1743, rendu en conformité, que le Fermier eft bien fondé à pourfuivre les poffeffeurs defdites rentes pour le payement des arrérages qui font échus des parties qui ont été réunies, à compter du premier Janvier 1721, & de les faire fervir à l'avenir au Domaine. Les Commis aufquels il a été adreffé des Etats de contrainte à ce fujet, feront donc toutes les diligences néceffaires pour obliger les poffeffeurs defdites rentes à payer le montant des arrérages qu'ils fe trouveront devoir; & ils auront à l'avenir grande attention de faire payer à l'expiration de chaque année les parties defdites rentes dans lefquelles le Roi eft rentré en exécution de l'Arrêt du 14 Mai 1721.

LXXXIII. INDE'PENDAMMENT des différens Etats dont il a été parlé ci-devant, il eft néceffaire que chaque Buralifte tienne un Sommier à mi-marge, pour enregiftrer les découvertes de droits douteux de toute nature, fur lequel il fera mention en tête de chaque Article de quel droit il s'agit, fi c'eft Controlle, Infinuation, Centiéme Denier, Cafuel domanial, Echanges, Amortiffemens, Francfiefs ou quelqu'autre que ce puiffe être.

LXXXIV. LEs Articles portez fur ce Sommier pendant un quartier, doivent être rendus certains ou déchargez en connoiffance de caufe dans le quartier fuivant; & à fur & à mefure qu'ils feront conftatez bons, ils feront portez fur les Sommiers ci-après, fuivant leur nature, & il en fera fait note fur celui de droits douteux; & dans le cas de la décharge, les motifs feront inferez en marge de chaque Article.

LXXXV. Les Sommiers qu'on vient d'annoncer feront intitulez, Droits certains; il en doit être tenu quatre, tous à mi-marge, l'un pour les droits de Controlle, Insinuation, Centiéme Denier & forcemens de Recette; le second pour les droits domaniaux, casuels, échanges, rentes, redevances albergues; le troisiéme pour les amortissemens, & le quatriéme pour les francfiefs.

LXXXVI. Les Commis doivent donner une attention singuliere aux poursuites qui sont à faire sur chaque Article de droits arriérez dont leurs Sommiers seront chargez pour en opérer la prompte rentrée. Les diligences pour les anciens droits de Centiéme Denier, Insinuation, Controlle, &c. doivent commencer par la signification de la contrainte, avec commandement de payer la somme y contenue dans le mois; & ce délai expiré, ces poursuites feront continuées par saisie de leur revenu, &c. A l'égard des droits d'amortissemens & francfiefs, il faudra faire notifier la contrainte avec commandement de payer dans le même délai d'un mois, à l'expiration duquel ils feront faire un itératif Commandement, & huit jours après ils feront saisir le revenu des biens sujets ausdits droits. On leur observe à ce sujet que les frais des premiers Commandemens pour les amortissemens & francfiefs ne doivent point être supportez par les parties, soit qu'elles se trouvent devoir le principal, soit qu'elles ne le doivent point; Arrêt du 12 Novembre 1701. mais elles sont tenues de rembourser tous les frais des autres poursuites ausquelles elles auront donné lieu depuis le premier Commandement, jusqu'au jour qu'elles auront notifié les titres sur lesquels leur décharge aura été prononcée. Arrêt du 6 Octobre 1722.

Les Commis ne doivent en venir à ces poursuites qu'après avoir épuisé auprès des redevables toutes les voies d'invitation pour payer, ou pour proposer leurs moyens

de décharges ou de modérations s'ils croient en avoir;
& si ces démarches ne réussissent pas, ils réuniront autant
qu'il sera possible sept à huit Contraintes pour être signifiées dans un seul jour, afin que les frais distribuez dans
une juste proportion, soient insensibles à chaque débiteur.
Un peu d'attention & de prudence les dirigeront dans cette
opération, sans que l'activité nécessaire au recouvrement
en souffre, & ils éloigneront par-là tous les soupçons des-
avantageux que le public pourroit former contr'eux, en
s'imaginant qu'ils ne précipitent ou multiplient les diligences que dans l'esprit de le fatiguer & de se procurer
un profit illicite.

LXXXVII. Comme la recherche des droits négligez &
recellez est bornée à l'époque des vingt années par le Bail
des Fermes générales, & que ce délai fatal entraîne nécessai-
rement une prescription journaliere qui causeroit un préjudice considérable à la Ferme, si elle n'étoit prévenue
par des demandes en bonne forme faites dans le tems utile,
les Commis Buralistes doivent avoir une singuliére attention d'examiner tous les quinze jours les Sommiers des
differens droits qui sont à recouvrer dans leur Bureau,
pour voir les Articles qui sont à la veille d'être prescrits
par l'expiration des vingt années, & former avant ce délai fatal des demandes qui conservent les droits qui en
feront l'objet, & ôtent aux redevables le moyen d'exci-
per de la prescription quant au Fermier; car les redevables ne sont pas déchargez envers le Roi, & ils en useront
de même à l'égard des nouvelles découvertes à mesure
qu'elles feront faites ou par eux, ou par les Ambulans &
Inspecteurs, ou autres Employez de la Ferme, autrement
leur négligence causeroit à la Ferme un préjudice considérable, & la Compagnie ne pourroit se dispenser de les
rendre personnellement responsables des droits qui lui

ſeroient échapez par défaut de ces demandes conſerva-
toires, & de commettre ſur le champ en leur place des
Sujets plus attentifs, & à mériter ſa confiance.

LXXXVIII. Il eſt également intéreſſant que les Commis qui ſont chargez du recouvrement des droits de francfiefs le ſuivent avec toute la vigilance poſſible, afin d'empêcher que les époques ne ſe réduiſent à de ſimples pro-
rata, par les mutations qui arrivent journellement dans
les biens ſujets à ces droits, ſoit par le décès des perſonnes qui en ſont propriétaires, ſoit par vente, échange, li-
citation, donation, &c. ſoit enfin par les acquiſitions que
pourroient faire les redevables d'une Charge qui accorde-
roît l'exemption du droit.

LXXXIX. Les Commis qui feront la découverte de
quelques droits negligez ne peuvent prendre trop de précautions pour les bien conſtater, ils doivent, ſur-tout lorſqu'ils reçoivent des droits de francfiefs, faire mention
dans les enregiſtremens qu'ils font ſur le Regiſtre deſtiné
à en faire la Recette, du nom des nouveaux poſſeſſeurs
des biens, de leur qualité & demeure, de la conſiſtence
& du vrai revenu de ces biens juſtifiée par des Baux ou autres titres de propriété, du tems auquel ils ſont venus à
poſſeſſion, du nom de ceux auſquels ils ont ſuccédé, du
titre en vertu duquel ils ſont devenus propriétaires, & ſi
c'eſt par acquiſitions, échanges, donations, adjudications,
ſucceſſions ou autrement, & de la date des payemens que
les derniers Poſſeſſeurs ont faits des droits de francfiefs.

XC. Dans les Bureaux où il y a Juriſdiction Royale
les Commis tiendront encore un Sommier des amendes
arbitraires & de condamnations, deſquelles ils feront le
Recouvrement comme il eſt expliqué à l'Article LII.

XCI. Les Buraliſtes qui ſont dans l'uſage de fournir
à la compagnie des Etats de produit à la fin de chaque
mois,

mois, lui indiqueront à la fuite de ces Etats le nombre & le numero des Articles de toute nature de droits qu'ils auront découverts par eux-mêmes pendant le même mois en exécution de la préfente Inftruction; le nombre & la date des Commandemens & autres pourfuites qu'ils auront fait faire pendant ledit mois fur les droits à recouvrer; le nombre & le montant de ceux qui feront rentrez par leurs foins, ce qu'il en reftera de chaque nature à recouvrer le premier de chaque mois; & afin que les Infpecteurs & Ambulans ne puiffent pas profiter de leur travail pour s'en faire un mérite auprès de la Compagnie, & fe difpenfer de faire régulierement les contretournées aufquels ils font affujettis, ils enverront en même tems à leur Directeur un double defdites découvertes avec les numeros de leur Sommier.

MODELE DE L'ETAT

Que les Commis doivent faire fur les revers de celui
des produits de chaque mois.

J'ai decouvert pendant ledit mois. . . . . . . Articles d'anciens droits de Controlle, Centiéme Denier, Infinuation, &c. portez fur mon Sommier fous les numeros . . . . plus . . . . . . Articles d'Amortiffemens portez fur le Sommier de découverte fous les numeros . . . . . plus . . . . . . Articles de Francfiefs portez fur le Sommier des découvertes fous les numeros . . . . . . plus . . . . . Articles d'Echange & autres Cafuels domaniaux portez fur mon Sommier fous les numeros . . . . j'ai fait faire pendant ledit mois . . . . . . tant commandemens qu'iteratifs commandemens . . . . . . de faifies &

H

exécutions ; il eſt rentré à ma diligence pendant le même mois . . . . . . Articles d'anciens droits montant à . . . . . . compris les 4 ſols pour livre, triples & droits en ſus . . . . Articles d'Amortiſſemens & Francfiefs montant à . . . . . . & . . . . . . Articles d'Echanges montant à . . . . . . il reſte encore à recouvrer . . . . . . Articles d'anciens droits ſur . . . . . . deſquels il y a Requête à l'Intendance . . . . . . Articles d'Amortiſſe-mens & Francfiefs ſur . . . . . . deſquels il y a auſſi Requête à l'Intendance & . . . . . . d'Echanges ſur . . . . deſquels il y a pareillement Requête à l'In-tendance

certifié véritable à . . . . le

XCII. Tous les Buraliſtes, ſans exception, qui écriront à l'avenir à la Compagnie auront attention que leurs Let-tres ſoient à mi-marge, afin de faciliter la correſpon-dance.

XCIII. Les Ambulans étant indiſpenſablement obli-gez de ſe tranſporter à la fin de chaque quartier dans tous les Bureaux de leur Département pour y faire le recouvre-ment des produits, les Commis Buraliſtes auront grande attention de diſpoſer leurs comptes dès le dernier jour de l'expiration du quartier, & de ne point déplacer leurs Re-giſtres de leur Bureau ſous quelque prétexte que ce ſoit à peine de révocation, & d'être pourſuivis extraordinaire-ment dans le cas d'évenement.

XCIV. Les Buraliſtes auront toujours ſur leur Bureau le Tableau de leur Arrondiſſement diſtribué par Colon-nes, du nom des Paroiſſes qui en dépendent, des Notai-res, Greffiers, Huiſſiers, Sergens & autres Officiers qui ſont dans l'obligation d'y venir faire controller ; inſinuer

& fceller, afin que dans le cas de négligence ou de foupçon contre quelques-uns de ces Officiers, ils avertiffent le Controlleur Ambulant ou l'Infpecteur à l'effet de les aller vérifier; ils doivent même ne jamais perdre l'occafion de prendre de ces mêmes Officiers tous les éclairciffemens qui peuvent fervir à approfondir les anciennes & nouvelles découvertes dont leurs Sommiers feront chargez, & à leur donner connoiffance des fucceffions collaterales & des biens qui en dépendent, & des autres mutations qui font arrivées & qui arrivent journellement dans l'étendue de leur Arrondiffement.

FONCTIONS
DES AMBULANS.
ARTICLE PREMIER.

ILs doivent faire leur réfidence dans le Chef-lieu de leur Département pour veiller de plus près à la conduite & au travail des Buraliftes, & entretenir avec eux une correfpondence exacte, foit pour lever les difficultez qui fe préfenteront fur la Régie, foit pour preffer la pourfuite & la rentrée des droits arrierez.

II. Ils font obligez de tenir deux Regiftres cottez & paraphez de M. l'Intendant, l'un pour y porter jour par jour, fans laiffer aucun blanc, la Recette & la Dépenfe qu'il feront pour la Ferme actuelle, & l'autre pour les

H ij

droits appartenans à la ceſſion des reſtes des Baux de 173
& 1739, dans leſquels ils diſtingueront les différente
ſommes qu'ils recevront ſur chaque nature de droits, &
ajouteront à la fin de chaque Article un Bordereau de
eſpeces, ſoit d'or ou d'argent ou autres effets, comm
Lettres de Change, Billets, &c. qui formeront l'objet d
leur Recette & Dépenſe, le tout conformément à l'Edi
du mois de Juin 1716.

TOURNE'E DE RECOUVREMENT.

III Ils commenceront leur tournée de Recouvremen
dans l'un des deux premiers jours du premier mois de chaque quartier, & emploieront à la faire un mois entier, pendant lequel ils feront dans chaque Bureau un ſéjour ſuffi-
ſant pour examiner avec l'attention la plus ſcrupuleuſe
ſi les enregiſtremens des Commis ſont réguliers & intel-
ligibles, ſi les droits ont été perçus conformément aux
Réglemens; s'ils ont été tirez hors lignes, s'il n'y a pas
de livres portées dans la Colonne des ſols, & des ſols
dans la Colonne des livres.

IV. Ils feront au bas de chaque page un Calcul des
droits qui ſe trouveront portez dans les Colonnes, & ils
en conſtateront le Total au bas de ladite page en le rap-
portant en écriture.

V. Ils confronteront avec la même exactitude les
Regiſtres de Controlle, & ceux de Centiéme Denier &
d'Inſinuation, pour connoître ſi les Actes qui auront été
controllez aux Regiſtres des Actes, & qui ſeront ſujets
à l'un de ces deux derniers droits, ou à quelques autres,
ont été réguliérement portez ſur les Regiſtres à ce deſti-
nez, & ſi ceux qui auront été inſinuez & qui ſeront ſu-

jets au Controlle ont été en même-tems controllez, afin
que dans le cas contraire, ils puissent forcer la Recette des Commis du montant des droits qui auront été
omis.

VI. Si par ces vérifications ils trouvent qu'il a été fait
quelques gratis ou remise de droits, ils en forceront la Recette des Buralistes ; & comme dans le Bail dernier, &
le commencement de celui-ci, quelques Ambulans ont
eu la facilité de passer de pareils gratis aux Commis, &
de s'en faire faire à eux-mêmes, les Ambulans qui sont
en place aujourd'hui auront grand soin de vérifier les Registres de Recette de chaque Bureau de leur Departement
depuis le premier Janvier 1739 jusqu'a présent, sur lesquels ils feront un Etat de tous les gratis qui auront été
passez, qu'ils enverront sur le champ à la Compagnie,
certifié d'eux, après néanmoins en avoir fait compter les
Buralistes.

VII. Ils doivent se transporter tous les trois mois dans
chacun des Bureaux de leur Département, même dans ceux
qui seront de conserve, pour faire compter les Commis
de tous les droits, sans exception, qu'ils auront reçus pendant chaque quartier, autrement, c'est-à-dire, s'ils man-
quoient, comme il est deja arrivé, de se transporter dans
tous les Bureaux à la fin de chaque quartier, ou de remettre d'un quartier à l'autre, ou à la fin de l'année, à
faire compter les Buralistes de quelques parties de droits,
de quelque modique objet qu'elles fussent, ils s'expose-
roient à être remerciez sans aucun espoir d'etre rem-
placez.

VIII. Ils auront une singuliere attention de joindre
aux Comptereaux des droits de la cession des restes, les
Originaux des demandes conservatoires faites à la re-

quête des Fermiers des Baux de 1733 & 1739, afin de mettre la Compagnie en état de justifier que ces droits appartiennent légitimement à la cession & non à la Ferme actuelle.

Suivant l'Arrêt du 16 Octobre 1736, le droit d'Insinuation dont les Contraintes pour le droit d'Amortissement auront été décernées & signifiées pendant le cours des Baux de 1733 & 1739, appartient aux Fermiers desdits Baux, dans quelque tems que les quittances soient expédiées.

Les Ambulans auront donc attention, en faisant compter les Buralistes des droits d'Amortissemens pour raison desquels il aura été décerné des Contraintes signifiées pendant le cours de ces deux Baux, de joindre aux Comptereaux les Originaux des Significations desdites Contraintes.

Et comme il est beaucoup de Bureaux dans lesquels les Commis ont négligé d'insinuer les quittances des droits d'Amortissemens qu'ils ont reçus jusqu'au présent, ils en feront un Relevé exact, pour en faire acquitter les droits d'Insinuations au profit des Fermiers ausquels ils se trouveront appartenir, suivant la distinction faite par l'Arrêt du 16 Octobre 1736, & joindront pareillement aux Comptereaux des droits qui appartiendront aux Fermiers des Baux de 1733 & 1739, ou à leurs Cessionnaires, les Originaux des Significations de Contraintes qui les leur auront conservez.

IX. Les Ambulans doivent engager tous les Commis Buralistes à arrêter eux-mêmes sur des feuilles particuliéres les produits de leur Bureau pendant chaque quartier, & à tenir leurs Comptes prêts à chaque tournée de recouvrement. Cela n'empêchera pas que les Ambulans

ne rempliffent avec la même attention & la même exactitude ce qui leur eft prefcrit par les Articles III, IV & VI,
ci-deffus; mais pour éviter de tomber dans des erreurs,
foit au préjudice de la Ferme ou des Buraliftes, ils fe feront
repréfenter les feuilles fur lefquelles les Buraliftes auront
fait les Calculs & le Compte de leurs produits, pour en
conferer toutes les Parties au projet de Compte qu'ils auront fait eux-mêmes de ces produits; par cette précaution
ils verront fi l'opération des Buraliftes eft conforme en tout
point à la leur; fi elle l'eft, ils formeront leurs Comptereaux
en conféquence, étant à préfumer qu'elle eft dans toute
l'exactitude; fi au contraire elle ne l'eft pas, ils en cherche-
ront la caufe conjointement avec le Buralifte, pour la
rectifier, & pafferont enfuite à l'arrêté définitif du Compte du quartier.

X. OUTRE les Comptereaux qui doivent être arrêtez
& certifiez des Ambulans & des Commis à la maniére ordinaire, les Arrêtez des mêmes produits feront portez fur
les Regiftres de Recette en marge du dernier Enregiftrement de chaque quartier, & ces arrêtez feront faits conformément au modèle ci-après.

QUARTIER DE JANVIER 17....

Janvier.....	}	liv.	fols	den. Arrêtez les Produits bruts du quartier
Fevrier.....		. . . . . . de Janvier 174...à la fomme de...(en
Mars		. . . . . .toutes lettres)à....le..... & figner.

Et ainfi des autres Quartiers.

XI. LES Ambulans doivent laiffer aux Commis pour
leur décharge des Doubles fignez d'eux des Comptereaux,
pour chaque nature de droits qu'ils arrêteront chaque quartier, & ils rapporteront au dos du Comptereau des droits

courans de Controlle, Centiéme Denier, Infinuation &
Petit-Scel toutes les Recettes & Dépenfes du quartier,
comme il eft obfervé ci-après.

BORDEREAU de la Recette & Dépenfe faite au Bureau d. . . . . . . pendant le Quartier d. . . . .

RECETTE.	DÉPENSE.
Droits courans. . . . . . liv. f. d	
Exploits.	Recépiffé de Monfieur. . . . .
Anciens Droits.	daté du. . . . . . de la fomme
Droits payez en fus du fimple . . .	de . . . . . liv. fols den.
Amortiffemens.	Autre daté du. . . . . . .
Francfiefs.	De la fomme de. . . . . .
Droits réfervez	. . . . Louis d'or
Amendes de Confignations. . .	de 24 liv. chacun. . . . . .
Amendes arbitraires.	. . . . Ecus à 6 liv. . . .
Droits d'Echanges.	. . . . Ecus à 3 liv. . . .
Formules	Monnoie. . . . .
Et autres Droits, s'il y en a.	
TOTAL.	TOTAL. . . . .

La Recette eft de. . . . .
La Dépenfe de. . . . .

Partant la Dépenfe eft égale à la Recette. . . . .

Certifié véritable par Nous Controlleur & Receveur Ambulant au Dépar-
rement de . . . . & Receveur Buralifte au Bureau
de. . . . . à . . . . le. . . . .

XII. LE Public & le Fermier étant infiniment inter-
reffez à l'exécution de la Déclaration du 17 Fevrier 1731,
rendue au fujet de l'Infinuation des Donations entrevifs,
les Ambulans ne fouffriront, fous aucun prétexte, que
les Buraliftes établis près les Jurifdictions inférieures, in-
finuent

finuent les Donations entrevifs & autres Actes qui doivent recevoir la formalité de l'Infinuation de la main des Commis de Bailliages & autres Siéges Royaux reffortiffans nuement aux Parlemens.

XIII. Les Ambulans releveront tous les droits d'Amortiffemens, Francfiefs, Cafuels féodaux & autres qui naîtront des Actes & Déclarations qui auront été enregistrées pendant le quartier; & après en avoir porté les Articles par fuite de numero fur les Sommiers de découvertes, ils en prendront un double qu'ils remettront à leur Directeur au retour de leur Tournée de Recouvrement; & fi parmi ces Articles il s'en trouve qui concernent d'autres Bureaux, que celui où ils auront été relevez, les Ambulans en feront mention fur l'Etat qu'ils remettront au Directeur, afin que celui-ci en faffe l'ufage convenable.

XIV. Ils feront auffi un Relevé des Renvois d'Infinuations & Centiéme Denier & autres droits qui auront été faits d'un Bureau à un autre, qu'ils remettront également à la Direction, à l'exception des Articles qui concerneront leur Département, dont ils pourront eux-mêmes faire l'ufage convenable en vérifiant dans les Bureaux où ils auront été renvoyez fi les Parties ont eu foin de fe mettre en regle; & dans le cas contraire ils porteront lefdits Articles fur le Sommier du Buralifte, & décerneront leur contrainte pour le payement des droits qui fe trouvent dûs.

XV. Ils feront apurer & folder les Buraliftes à chaque quartier, & à défaut décerneront fur le champ leur contrainte, & la feront mettre à exécution, fans quoi ils demeureront perfonnellement refponfables des Débets envers la Compagnie; ils prendront auffi des acomptes dans tous les Bureaux, fur-tout dans ceux qui feront de quelque objet, & en feront certifier le montant par les Buraliftes fur une feuille détachée, qui leur fera remife à cet effet par le

I

Directeur, auquel ils feront tenus de le rapporter à la fin des Tournées & Contretournées, ou un Certificat des Commis qu'ils n'en ont touché aucuns.

XVI. Quand ils auront arrêté les Comptes des Buralistes, ils se feront repréfenter les Sommiers des découvertes de Centiéme Denier, Infinuation, &c. & ceux des contraintes d'Amortissemens & Francfiefs, & ils examineront avec les Commis ce qui aura été fait depuis leur dernier passage, fur chacun des Articles restans à recouvrer, & donneront de nouveaux ordres fur les pourfuites qu'ils croiront nécessaires pour accélérer la rentrée de ces droits.

XVII. Ils doivent avoir un Etat de fituation de tous les Articles d'anciens Droits, Amortissemens, Francfiefs, Echanges, Amendes arbitraires & de Condamnation, Arrérages de rentes & redevances albergues & d'indemnité, & des Amendes de condamnations restans à recouvrer dans chacun des Bureaux de leur Département, enfemble des Ordonnances & Jugemens interlocutoires, de Condamnations & autres rendus fur des Articles non confommez, fur lequel Etat ils feront mention à chaque Tournée de Recouvrement, des diligences que les Commis auront faites fur chaque Article depuis leur dernier passage dans leur Bureau, des Ordres qu'ils auront donnez pour leur Recouvrement; des raisons de modérations ou décharges alleguées par les Parties ou les Commis, du montant des payemens faits pendant chaque quartier & de la date d'iceux, & enfin des ordres de furféances qui auront été donnez par la Compagnie & le Directeur.

Cet Etat ainfi apoftillé doit être rapporté au Bureau de la Direction à la fin de chaque Tournée de Recouvrement, avec les Piéces de décharges ou de modération s'il y en a, afin que le Directeur puisse connoître les foins & les attentions que les Buralistes apportent à la rentrée des Droits arriérez, décharger fur fes Sommiers les Articles payez, ceux tombez en non-valeur par caducité, double emploi ou autrement, donner aux Buraliftes les ordres que les circonftances exigeront, & apoftiller de fes obfervations les Articles de cet Etat qui refteront à faire confommer.

Les Ambulans vérifieront en même-tems fi les Buraliftes ont réguliérement porté fur leurs Sommiers tous les Articles employez dans cet Etat de fituation, & ils les obligeront d'y faire mention de la date de toutes les pourfuites qui auront été faites, & de celles qui fe feront par la fuite, & du jour qu'ils auront reçu les ordonnances qui leur auront été adreffées de la Direction, afin de les entretenir dans une grande exactitude fur l'ordre que ces differentes parties exigent, & les diligences qu'ils doivent faire pour en opérer la Confommation.

XVIII. Ils prendront au Bureau de la Direction, avant leur départ pour leurs Tournées de Recouvrement les feuilles imprimées qui leur feront néceffaires pour la tenue de leur Journal de travail pendant chacune defdites Tournées.

XIX. Aussitot qu'ils auront fait leur Tournée de Recouvrement, ils remettront leurs fonds & leurs piéces de Recette & Dépenfe à leur Directeur, pour arrêter leurs Comptes, & ils prendront de lui un Certificat, contenant le jour de leur arrivée à la Direction, ou de l'envoi de leurs Comptereaux, & autres piéces de Recette & Dépenfe, enfemble du jour auquel les Comptes auront été arrêtez & foldez pour le faire paffer à la Compagnie, en même-tems que la feuille des Acomptes qu'ils auront reçus, & cela avant d'entrer en Contretournée.

XX. Ils enverront à la Compagnie, le premier ou le 2 du fecond mois de chaque quartier, copie de leur Journal de Recette & Dépenfe, l'Etat général de comparaifon des produits du quartier, & le Journal de travail de leur Tournée de Recouvrement, & la feuille des Acomptes qu'ils auront touchez.

CONTRETOURNE'E.

XXI. Les Ambulans entreront en Contretournée le 15 du fecond mois de chaque quartier, & y refteront jufqu'au 27 ou 28 du mois fuivant, qu'ils pourront fe rendre auprès de leur Directeur, pour y prendre les ordres & inftructions qui leur feront néceffaires pour la Tournée de Recouvrement.

XXII. Ils écriront à la Compagnie de chaque Bureau, & tous les dix jours, pour lui rendre compte en bref des opérations qu'ils auront faites pendant ce tems, ce qui ne les difpenfera pas d'écrire fouvent à leur Directeur pour l'inftruire de ces mêmes opérations, & lui apprendre les Bureaux où ils feront, & ceux dans lefquels ils compteront fe rendre fucceffivement, afin qu'il fçache, ainfi que la Compagnie, où leur adreffer les ordres & inftructions que les circonftances exigeront.

XXIII. Comme pendant le Bail dernier, ils ont fait leurs Contretournées avec précipitation en voltigeant d'un Bureau à un autre fans aucun plan & fans un objet certain d'utilité, ils fe borneront à l'avenir à quatre ou cinq Bureaux fuivant le plus ou le moins de matieres qu'il y aura, dans lefquels ils fe feront repréfenter les différens Sommiers que les Commis Buraliftes doivent tenir & qui font énoncez dans le Chapitre de leurs Devoirs, pour conftater les Articles de découvertes qui n'auront pas encore été approfondis, ou qui ne l'auront pas été fuffifamment, porter fur les Sommiers des droits certains ceux de ces Articles qui feront bons à fuivre, decerner leurs contraintes, & faire faire en confequence les premiers Commandemens & autres pourfuites néceffaires pour accelerer le Recouvrement, tant des matieres nouvellement confta-tées, que de celles précédemment portées fur le Sommier des droits certains & fur ceux des contraintes d'A-mortiffemens & Francfiefs, des amendes arbitraires & de condamnations, de droits d'échanges, des rentes & rede-vances albergues & d'indemnité, & autres fans exception.

XXIV. Pendant que les Huiffiers feront occupez à faire ces pourfuites, ils feront chez les Notaires & Gref-fiers toutes les vérifications & perquifitions néceffaires pour s'affurer s'ils font en regle fur les obligations qui leur font impofées par les Réglemens; il eft beaucoup de ces Officiers qui ne font point controller la plus grande partie de leurs Actes & qui portent même la témérité jufqu'à en délivrer des expéditions dans lefquelles ils font fauffement mention que les minutes ont été controllées & infinuées; les Ambulans ne fçauroient donc prendre trop de précaution pour découvrir ces fortes de délits, afin de faire des exem-ples qui puiffent affurer pour l'avenir la tranquillité publi-que & les droits de la Ferme.

XXV. Ils doivent auffi comparer les difpofitions des Ac-tes qui auront été revêtus de la formalité du Controlle & de l'Infinuation pendant le Bail actuel, aux enregiftremens qui en auront été faits fur les différens Regiftres de Re-cette, & ils examineront avec toute l'attention néceffai-re fi les droits ont été perçus relativement aux Réglemens, afin de faire reftituer ceux que les Buraliftes auront exi-gez de trop, & les forcer en Recette de ceux qu'ils au-ront perçus de moins. Cette opération demande beau-coup de circonfpection, & les Ambulans ne la doivent faire qu'avec une connoiffance entiere de la mauvaife per-ception du droit.

XXVI. Ces forcemens étant faits avant l'Arrêté du

quartier, ils mettront en marge de l'Article forcé les rai-
.fons qui les auront determinez, & porteront hors ligne
en chifres la fomme qui en fera l'objet pour être compri-
fe au produit du quartier ; & s'ils font faits après l'Arrêté du quartier, ils en établiront également les motifs en
marge de l'Article forcé & en porteront le montant dans
la Cafe immédiate du dernier enregiftrement du quartier
lors courant & y feront mention de la date du feuillet
où le droit aura été mal perçu, à la marge duquel ils auront auffi attention d'indiquer la date & le feuillet où le
forcement aura été porté en Recette.

XXVII. Ils feront compter les Buraliftes du montant
defdits forcemens & de ceux qui pourroient avoir été faits
par l'Infpecteur ou quelqu'autre Employé principal en même tems que des produits du quartier dans lequel ces forcemens auront été portez en Recette ; & afin que la Compagnie & le Directeur foient affurez de l'exactitude qu'auront les Ambulans à remplir cette obligation, il fera fait
des Etats feparez defdits forcemens qui feront fignez &
certifiez, tant de l'Ambulant que du Buralifte, lefquels
Etats feront rapportez à la direction au retour de la Tournée de Recouvrement pour être compté du montant par
un Chapitre particulier du Compte des produits du même quartier.

XXVIII. En faifant ces vérifications ils doivent encore fe
rendre certains fi les Buraliftes fe font régulierement chargez en Recette de tous les droits qu'ils auront reçus fuivant leurs Relations mifes fur les minutes ; & dans le cas
où ils trouveront matiere à foupçonner leur fidelité, ils
porteront leurs recherches jufqu'au tems où ils auront été
mis en place, & rapporteront un Procès verbal bien
circonftancié de toutes les omiffions qu'ils auront confta-
tées de tout ou partie des droits des Actes.

XXIX. Ils doivent auſſi examiner ſi après les Arrêtez de produits de chaque quartier les Commis n'ont point altéré les enregiſtremens & le reçu en toutes Lettres & en chifres, des différens droits dont ils s'étoient originairement chargez en Recette, pour y ſubſtituer de plus fortes ſommes.

XXX. Ce travail n'eſt pas le ſeul qu'ils doivent faire auprès des Notaires & Greffiers, il eſt encore d'une néceſſité indiſpenſable d'examiner tous les Actes que ces Officiers auront paſſez pendant les 20 dernieres années, pour relever les droits d'Inſinuations, de Centiéme Denier, mi-Centiéme Denier & autres auſquels Partie de ces Actes pourroient être ſujets que les Commis auroient négligez de percevoir, & pour faire la découverte des anciens droits, amortiſſemens & Francfiefs, échanges & autres caſuels qui auront été négligez pendant les précédens Baux & celui-ci & dont leſdits Actes peuvent leur donner les renſeignemens.

XXXI. Comme les fraudes qui ſe pratiquent dans les eſtimations portées par les partages, échanges, donations, démiſſions, Contrats de mariage & autres Actes, & dans les Déclarations pour ſucceſſions collatérales ſont extrémement fréquentes, & qu'il n'en eſt point qui porte à la Ferme autant de préjudice, les Ambulans ne doivent épargner ni peines ni ſoins pour pénétrer & conſtater toutes celles qui auront été faites pendant les 20 dernieres années, & ils en rapporteront auſſitôt leur Procès verbal qu'ils enverront à leur Directeur, pour faire condamner les contrevenans aux peines & amendes prononcées par les Réglemens. Voir ce qui a été obſervé à ce ſujet dans le Chapitre des Devoirs des Buraliſtes.

XXXII. Toutes ces opérations faites avec l'attention & l'intelligence qu'elles exigent, les Ambulans commenceront dans chaque Bureau un Relevé général des Extraits

de Sépulture depuis les 20 dernieres années, tant des perfonnes majeures de l'un & l'autre fexe, que des enfans
mineurs décédez après leurs pere & mere ou l'un d'eux,
& ils conftateront fur les lieux les Articles qui feront en
collatérale, les biens dépendans de chaque fucceffion,
leur fituation & mouvance, leur qualité noble ou roturiere, & les porteront enfuite fur le Sommier des droits
certains, après néanmoins s'être affurez par l'infpection de
la Table alphabétique des fucceffions collatérales payées,
que les droits n'en ont point été acquittez.

Ce Relevé, fait avec le Commis dans quelques-unes
des Paroiffes de fon Arrondiffement, les Ambulans lui enfeigneront la maniere de le continuer dans les autres; &
pour que la Compagnie puiffe profiter des avantages de
cette opération dans les premieres années de fon Bail,
ils lui donneront des ordres fi précis de la leur tenir prê-
te pour leur premier paffage, qu'ils ne puiffent fous aucun
prétexte y apporter du retardement.

Cette opération devant être faite avant le premier Janvier 1748, dans toutes les Paroiffes de chaque Arrondiffement, & la Compagnie voulant connoître par elle-même
l'attention que les Ambulans y apporteront pendant chaque quartier, ces Employez, ainfi que l'Infpecteur, auront
foin de faire mention dans leurs Journaux de travail des
noms des Paroiffes de chaque Arrondiffement, des noms
de celles où le Relevé des Extraits de Sépulture aura été
fait, de l'année par laquelle il aura été fini, & enfin des
noms des Paroiffes où ce Relevé n'aura pas encore été
fait.

XXXIII. La connoiffance des Terres, Fiefs, arrie-
refiefs & autres biens nobles de chaque Arrondiffement
étant infiniment effentielle non feulement par rapport
aux droits des Fiefs mais encore à caufe des droits féodaux

daux qui peuvent revenir à la Ferme, les Ambulans tra-
vailleront conjointement avec les Commis Buralistes à
faire un Sommier de toutes ces possessions de la maniere
qu'il a été prescrit au Chapitre des Devoirs des Commis,
Article LXXVI.

XXXIV. LE Fermier aux termes des décisions du Conseil des 15 Février 1744, 10 Avril, 22 Mai & 13 Novembre 1745, est fondé à prétendre les droits de Controlle &
de Centiéme Denier des Actes privez contenant transmif-
fion de propriété ou d'usufruit de biens immeubles,
quoique de dates antécédentes aux 20 dernieres années;
& comme il est beaucoup de ces Actes dont les droits
n'ont point été acquittez, les Ambulans feront un Relevé
fur les Inventaires reçus par les Notaires & Greffiers pendant les 20 dernieres années des ventes, échanges, partages avec soulte ou retour de Lot, démiffion entrevifs,
donations en avancement d'hoirie, ceffions & transports,
& généralement de tous les Actes privez, faits depuis le
premier Janvier 1704, qui contiendront mutation de propriété ou ceffion d'usufruit de biens immeubles, & après
avoir fait fur les Regiftres les vérifications néceffaires pour
s'affurer qu'ils n'ont pas été infinuez, ils le porteront fur
le Sommier des droits certains, & décerneront fur le
champ leur contrainte pour le payement des droits de
Controlle & Centiéme Denier, même du triple droit dont
ils ne feront aucune remife en tout ou partie fans un ordre exprès & par écrit de la Compagnie, lequel ordre
fera joint à l'enregiftrement du droit pour la décharge du
Commis.

XXXV. LA Compagnie ayant tous les jours des preuves que plufieurs des Articles des droits d'Amortiffement
& Franchiefs ouverts pendant les Baux précédens n'ont
pas encore été employez en contrainte, foit par la négligen-

K

ce qu'ont eu les Ambulans d'en faire le Relevé fur les Regiftres lors de l'Arrêté des produits de chaque quartier, foit par le peu d'attention que les Directeurs ont eu à les envoyer à la Compagnie à la fin de chaque Tournée de Recouvrement, les Ambulans ne doivent point fortir d'un Bureau qu'ils n'ayent comparé avec les Regiftres du Controlle, de Centiéme Denier & d'Infinuations, tenus pendant les 20 dernieres années, aux Sommiers de Contraintes, d'Amortiffemens & Francfiefs pour conftater les Articles de ces droits qui auront été négligez, qu'ils porteront auffitôt fur le Sommier des découvertes.

XXXVI. Ils feront auffi dans tous les Greffes Royaux de leur Département un Relevé général de tous les Actes de réception des Officiers de Judicature & autres de dates poftérieures à l'époque de l'Arrêt du 20 Mai 1722, & ils obligeront ces Officiers conformément à la Décifion du Confeil du 21 Août 1745, d'en lever des expéditions, & d'en payer les droits de petit Scel, enfemble les 4 fols pour livre des épices pour les réceptions faites avant le premier Janvier 1733, & les 3 fols pour celles faites depuis.

XXXVII. Ils veilleront encore à ce que les Employez des Fermes générales, des Aides, de la Marque des Fers, d'Or & d'Argent, & des autres Fermes du Roi, & des Octrois des Villes, payent exactement les droits refervez & de petit Scel de leurs Actes de réception & preftation de ferment qui fe font aux Greffes des Elections, Greniers à Sel & Traites.

XXXVIII. Les Ambulans doivent travailler & faire travailler les Buraliftes au Relevé de tous les renvois d'Infinuations & de Centiéme Denier & autres droits qui auront été faits d'un Bureau à un autre pendant les 20 dernieres années; ce Relevé comprendra tant les Articles renvoyez dans les Bureaux de l'intérieur de la Généralité que dans ceux des autres Généralitez du Royaume, & il sera fait dans chaque Bureau sur des feuilles détachées, titrées des Bureaux dans lesquels les renvois auront été faits, lesquelles feuilles seront envoyées ou apportées à la Direction à mesure qu'elles seront remplies, afin que le Directeur en puisse faire porter sur son Sommier les Articles qui concerneront sa Généralité, & les distribuer aux Ambulans pour les constater dans les Bureaux où ils auront été renvoyez, & suivre le recouvrement des droits qui se trouveront dûs. A l'égard des feuilles des renvois qui auront été faits dans d'autres Généralitez, le Directeur les fera passer à la Compagnie, qui en fera l'usage nécessaire.

XXXIX. Ils doivent prendre au Bureau de la Direction un Etat des Paroisses de chaque Bureau de leur Département dans lesquels les droits d'échange n'auront pas été aliénez, ou à cause desquels droits les Aliénataires particuliers n'auront pas payé le doublement de Finance ordonné par la Déclaration du 11 Août 1705, & ils feront ensuite dans tous les Bureaux où ils passeront en Contretournée un Relevé général de tous les Contrats d'échange qui auront été faits pendant les 30 dernieres années, soit d'immeubles contre immeubles tenus en Fiefs ou en rotures, tant des Domaines du Roi non aliénez, que des Seigneurs particuliers, soit qu'ils soient faits d'héritages contre des rentes foncieres ou constituées : ce Relevé doit aussi comprendre les échanges simulez, qui seront faits par deux Actes separez sous le terme de Vente dont les dates seront du même jour, il en est dû au Roi les droits seigneuriaux quoique les biens soient situez dans la directe des Seigneurs particuliers, le Conseil l'a jugé ainsi par Arrêt du 7 Août 1744, & Décision du 8 Mai 1746.

Ils ne sortiront point d'un Bureau que cette opération ne soit faite, & qu'ils n'en ayent constaté les Articles &

fait faire les premieres demandes fur ceux qui fe trouveront dûs dans les directes des Seigneurs particuliers; quant
aux échanges faits dans les mouvances & cenſives des Domaines du Roi, les Ambulans en remettront un Etat à leur
Directeur pour faire fuivre le recouvrement des droits qui
en feront dûs à la requête du Receveur Général des Domaines, conformément à l'Arrêt du Conſeil du 13 Octobre
1739.

XL. Les Ambulans feront dans tous les Bureaux de
leur Département où il y aura des Domaines du Roi, un
Relevé de toutes les mutations qui feront arrivées depuis
la Déclaration du 21 Novembre 1724, au profit des Gens
de main-morte, de biens ſituez dans les Mouvances, Cenſives & Hautes-Juſtices de ſes Domaines, ils auront à cet
effet recours à l'inſtruction inferée dans le Chapitre des
Devoirs des Commis, afin que l'opération ſoit faite avec
l'intelligence & les précautions néceſſaires.

XLI. Les Déciſions du Conſeil des 3 Avril 1735, 19
Mai & 13 Juillet 1743, ayant jugé que les Fondations à
tems étoient ſujettes au droit d'Amortiſſement; ſçavoir,
celles faites pour 50 ans & au-deſſous, à moitié du droit
ordinaire, & celles au-deſſus de 50 ans, au droit entier
comme ſi elles étoient à perpétuité, les Ambulans en feront la recherche depuis les 20 dernieres années, ſoit ſur
les Regiſtres de Controlle, Inſinuation & Centiéme Denier, ſoit dans les études des Notaires; & après en avoir
porté les Articles ſur le Sommier de découverte du Bu-
raliſte, ils en remettront le double à leur Directeur pour
les faire employer en contrainte.

XLII. Les Ambulans des Généralitez dans leſquelles
la Formule eſt réunie à la Ferme des Domaines veilleront à ce que les Commis Buraliſtes ſe conforment exactement à ce qui leur eſt preſcrit par l'Article LXXVII.

du Chapirre de leurs Devoirs, & feront avec eux toutes les vérifications néceffaires pour mettre en régle cette partie de la Souferme.

XLIII. COMME la majeure Partie des Notaires & Greffiers font dans l'ufage de ne point tenir de répertoires de leurs Actes, ou de les tenir fur papier libre, les Ambulans doivent fe tranfporter chez tous les Notaires & Greffiers de leur Département pour leur demander la repréfentation des Répertoires qu'ils ont dûs tenir aux termes de la Déclaration du 19 Mars 1686, & autres Réglemens, & ils rapporteront leur Procès verbal des Contraventions encourues, ou pour défaut de Répertoire, ou pour n'en avoir tenu qu'en papier libre, lequel Procès verbal fera affirmé devant le Subdélégué de M. l'Intendant, ou en fon abfence, devant le Juge du lieu, & remis auffi-tôt au Directeur pour en fuivre l'exécution : l'Arrêt du 19 Avril 1740 oblige ces Officiers à tenir leurs Répertoires en papiers timbrez.

XLIV. LES Arrêts des 13 Décembre 1740, 24 Octobre 1741, 26 Juin 1742 & 7 Août 1745, font défenfes aux habitans des Généralitez de Metz, Champagne & autres domiciliez de France d'aller à l'avenir paffer des Actes devant les Notaires de Lorraine, du Barrois & du Clermontois, à peine de nullité defdits Actes & de 300 livres d'amende pour chacune contravention ; il y eft auffi ordonné que ceux defdits domiciliez qui en avoient paffé ci-devant feroient tenus d'en rapporter les expéditions aux Bureaux les plus prochains de leur domicile dans le délai de trois mois, faute de quoi, qu'ils feroient contraints à la reftitution des droits réfultans defdits Actes, & au payement de 300 livres d'amende pour chacune contravention.

Par ceux des 2 Janvier & 9 Septembre 1742., pareille

chofe a été jugée pour les Actes que les domiciliez de France avoient paffez ou pafferoient à l'avenir devant les Notaires d'Artois.

Les Ambulans qui feront à portée de fuivre l'exécution de ces Réglemens, doivent faire chez les Notaires de la Lorraine, du Barrois, du Clermontois & de l'Artois un Relevé de tous les Actes qu'ils auront reçus entre Domiciliez de France, pour chofes mobiliaires, & de ceux portant tranfmiffion de propriété ou d'ufufruit de biens immeubles fituez dans les lieux où les droits de Centiéme Denier & d'Infinuation font établis, & après avoir conftaté fur les Regiftres du Controlle & de Centiéme Denier, ce qu'il y aura d'Articles pour lefquels les droits n'auront pas encore été payez en exécution defdits Arrêts, ils rapporteront leur Procès-verbal, pour raifon des Actes paffez entre domiciliez de France feulement, pour chofes mobiliaires, ou portant vente, ceffion, tranfport de biens fonds qu'ils enverront à leur Directeur pour en fuivre l'exécution à l'Intendance, & ils porteront fur le Sommier de Découvertes du Bureau, les Extraits des Actes qui contiendront mutation de propriété ou ceffion d'ufufruit de biens immeubles fituez en France, foit que lefdits Actes ayent été paffez entre domiciliez de la Lorraine & du Barois, du Clermontois & de l'Artois, foit qu'ils l'ayent été entre des Domiciliez de ces Pays & des Domiciliez de France.

XLV. Ils obligeront les Buraliftes, ou feront eux-mêmes dans chaque Bureau un Tableau des Paroiffes & Hameaux qui en forment l'Arrondiffement prefcrit aufdits Buraliftes dans le Chapitre de leurs devoirs Article xciv, & ils tiendront exactement la main à ce que ces Employez n'empiétent pas les uns fur les autres.

XLVI. Les Ambulans tiendront un Sommier fur lequel ils porteront par Extraits fommaires l'Etat de la Régie de chaque Bureau, les bonnes ou mauvaifes qualitez des Commis Buraliftes, les forcemens de Recette qu'ils auront faits, & les reftitutions qu'ils auront ordonnées, avec les motifs qui les auroit déterminez, les Extraits des Procès-verbaux qu'ils auront rapportez, les Articles de Découvertes qu'ils auront faites, le nombre & le montant de ceux qu'ils auront fait rentrer dans chaque Bureau, les diligences qu'ils auront fait faire eux-mêmes, & celles qu'ils auront ordonnées dans le cas d'impoffibilité de les faire faire en leur préfence, en un mot tout ce qu'ils feront concernant les fonctions de leur Emploi, & les Obfervations fur ce qu'ils auront jugé convenable à l'avantage de la Ferme.

XLVII. Ils remettront à la fin de chaque Contretournée Copie de ce Journal à leur Directeur, laquelle Copie contiendra toutes les Découvertes de Controlle, Infinuation, Centiéme Denier, Amortiffemens, Francfiefs, Cafuels féodaux & autres qu'ils auront conftatées certaines & portées fur les Sommiers des Buraliftes; & afin qu'il n'y ait point de confufion, ni de double emploi, tant dans ces Sommiers, que dans ceux de la Direction, ils rapporteront en marge de chaque article de ces Découvertes le Numero du Buralifte, pour que le Directeur, qui le portera à côté du fien, ne puiffe pas fe tromper d'Article, lorfqu'il donnera fes ordres au Commis, ou qu'il s'agira de décharger les Sommiers.

XLVIII. Au furplus, comme l'exécution de l'inftruction donnée aux Buraliftes fur toutes les parties de la Ferme, dépend de l'attention que les Ambulans auront à les y faire conformer, la Compagnie a lieu de fe flater qu'ils y donneront celle qui fera néceffaire, & qu'ils leur enfeigneront la maniere de compofer & fe fervir utilement des Sommiers & Tables Alphabétiques, qui leur ont été indiquées; ils doivent même, & fur-tout dans les petits

Bureaux, fupléer à l'infuffifance des Commis dont on eft quelquefois obligé de fe fervir, en travaillant eux-mêmes & faifant travailler fous leurs yeux les Buraliftes à toutes les opérations qui ont été prefcrites, & à celles que les circonftances éxigeront.

FONCTIONS DES INSPECTEURS.

ARTICLE PREMIER.

Ils doivent être continuellement en campagne & occupez de tous les moyens qui peuvent tendre à la confervation des droits. En arrivant dans un Bureau ils arrêteront les Regiftres de Recette & fe feront repréfenter tous les Sommiers & les tables Alphabétiques, pour examiner s'ils font tenus dans la forme indiquée dans le Chapitre des devoirs des Commis Buraliftes.

II. Ils fe feront rendre compte Article par Article de tous les anciens Droits, Amortiffemens, Francfiefs, Echanges, Amendes arbitraires & de Condamnations, Arrérages de rentes & redevances albergues & d'indemnitez, Amendes de contraventions & autres parties reftantes à recouvrer, & des empêchemens qui en retarderont la rentrée; ils examineront fi les pourfuites font en régle, fi elles font faites avec l'attention & la célérité qui conviennent, fi les Ambulans ont foin à chaque Tournée de faire un pareil examen, & de donner aux Commis les ordres néceffaires pour opérer la confommation defdits Articles.

III. Ils fe feront auffi repréfenter le Sommier des droits douteux, pour en approfondir les Articles & les porter enfuite fur le Sommier des droits certains, & ils
feront

feront faire pendant leur sejour dans chaque Bureau toutes les pourfuites que les circonftances exigeront, pour
obliger les redevables à payer, fi ce n'eft pas tout, au
moins partie des Articles qui fe trouveront portez fur les
différens Sommiers.

IV. Ils examineront fi les Regiftres du Controlle
des Actes, d'Infinuations, de Centiéme Denier & des
Exploits font bien tenus; fi les Enregiftremens font bien
libellez, & fi lefdits Regiftres ont été arrêtez tous les
jours en conformité des Arrêts des 21 Mars 1676. &
11 Mars 1725.

V. Ils doivent encore examiner fi les forcemens de
Recette faits par les Ambulans, & les reftitutions ordonnées font conformes aux Réglemens; fi ces Ambulans n'ont point oublié quelques forcemens, en négli-
geant de lire tous les Articles, ce qui n'arrive que trop
fouvent; fi les pages font bien calculées; fi le total eft rapporté en toutes lettres au bas de la page; fi tous les produits de chaque quartier font compris dans les Arrêtez
des Ambulans, & les Comptereaux qui feront dans les
mains des Buraliftes; fi ceux-ci n'ont point corrigé quelques fommes après l'arrêté des produits pour y en fubfti-
tuer de plus confidérables, & fi les Ambulans n'ont point
contre la difpofition de la Déclaration du 29 Septembre
1722, paffé le *gratis* de quelques droits aux Commis ou
à eux mêmes.

VI. Ils auront attention de voir fi les Ambulans ont
fait exactement compter les Buraliftes des Droits de Controlle des Exploits faits à la requête des Fermiers des
Baux antérieurs à celui de 1733; & s'ils trouvent quelques-uns de ces droits dont il n'aura pas été compté, ils en
forceront la Recette du Buralifte.

VII. Ils doivent confronter les Regiftres du Controlle

des Actes à ceux des droits d'Insinuations, de Centiéme
Denier, Exploits & petits Scels pour se rendre certains de
l'exactitude que les Buralistes auront eue à porter sur ces
derniers Registres tous les Actes sujets à ces différens droits,
& les entretenir dans cette régle.

VIII. Si par ces vérifications ils découvrent qu'il y a
des droits non portez hors lignes, des livres portées dans
la Colonnes des sols, & des sols dans la Colonne des livres,
de fausses additions de pages, des omissions dans les Arrêtez & Comptereaux de quartier de quelques parties de
recette faite pendant ce quartier, des forcemens de recette faits par les Ambulans & autres employez princi-
paux, ou quelques droits d'Insinuations, ou de Centiéme Denier, ou autres qui n'auront pas été portez sur les
Registres destinez à leur enregistrement, ils en formeront un Etat bien circonstancié qu'ils enverront à la Compagnie, & en rapporteront le montant en recette au produit du quartier lors courant pour en être compté lors de
l'arrêté du Compte du même quartier.

IX. Ils doivent faire chez les Notaires & Greffiers
toutes les vérifications & opérations qui sont prescrites
aux Ambulans dans le Chapitre sur leurs fonctions.

X. Ils vérifieront en même-tems la Régie des Buralistes de la maniere qu'elle a été recommandée aux Ambulans.

XI. Enfin ils doivent dans tous les Bureaux où ils
passeront, sans en excepter aucun, suppléer à tout
ce que les Ambulans & Buralistes auront omis de faire
pour conduire à leur perfection les differentes opérations
qui ont été prescrites, & qui sont communes entr'eux.

XII. Ils tiendront un Journal, sur lequel ils feront
mention de ce que les Ambulans auront négligé de
leurs devoirs, de l'exactitude ou inexactitude des Commis

Buralistes à remplir le leur à tous égards, si les Ambulans font réguliérement des Contretournées, le tems
qu'ils auront employé dans chaque Bureau, s'ils ne font
point, ainsi que les Commis dissipez par les plaisirs ou
par commerce, ou entreprises étrangères à leurs emplois,
s'ils travaillent avec zéle & intelligence, & s'ils ne di-
vertissent pas les deniers de leur Caisse. Ils y emploieront aussi par Extrait sommaire toutes les opérations
qu'ils auront faites dans chaque Bureau, telles que les
forcemens de Recette & les restitutions, avec les motifs sur lesquels ils seront fondez, les Procès verbaux qu'ils
auront rapportez, les Articles de découvertes qu'ils auront faites, avec les numeros des Sommiers des Buralistes, le nombre & le montant des Articles qu'ils auront
fait payer dans chaque Bureau, distinguez par nature de
droits, les diligences qu'ils auront fait faire en leur pré-
sence, celles qu'ils auront ordonnées, & généralement
tout ce qu'ils auront fait, avec leur avis sur ce qui pourroit devenir utile à une bonne exploitation.

XIII. Ils remettront copie de ce Journal à leur
Directeur à la fin de chaque mois, & écriront à la Compagnie de chaque Bureau réguliérement tous les dix jours
au plutard, & à leur Directeur tous les huit jours, pour
les instruire des principales opérations qu'ils auront faites
pendant ce tems-là, & recevoir leurs ordres & instruc-
tions, pour cet effet ils marqueront dans leurs Lettres où
ils pourront recevoir réponse.

D I R E C T E U R S.

ARTICLE PREMIER.

COMME ils font préfumez fupérieurement au fait de toutes les Parties de la Régie, on fe renfermera à leur recommander de veiller fans ceffe à ce que les Buraliftes, Ambulans & Infpecteurs, exécutent tout ce qui leur eft prefcrit dans la préfente Inftruction; & dans le cas de négligence, diffipation ou indifference fur leur devoir, ils en informeront la Compagnie, afin qu'elle puiffe retirer fa confiance, & faire choix de Sujets qui répondent mieux à fes vues.

II. ILs tiendront à mi-marge les Sommiers ci-après,

Sçavoir.

Un pour chaque Ambulance, pour y porter les Articles d'Amortiffemens employez en contrainte.

Un autre auffi par Ambulance, pour y porter les Articles de découvertes d'anciens droits avec les numeros des Buraliftes.

Un autre pour toute la Généralité, pour y porter les découvertes des Amortiffemens.

Un autre auffi pour toute la Généralité, pour y porter les Articles de découvertes de Francfiefs.

Un autre pour y porter les Articles de découvertes des droits d'Echanges & autres Cafuels féodaux.

Un autre pour y porter les Amendes arbitraires & de condamnations.

Un autre, pour y porter toutes les rentes & redevances albergues & d'Indemnitez & Arrérages d'icelles.

Un autre, pour y porter les renvois d'Infinuations & au-tres qui auront été & feront faits d'un Bureau à un autre.

Un autre des Expirations d'affranchiffemens de droits de Francfiefs arrivées pendant les vingt dernieres années, & qui arriveront par la fuite.

III. Ils enverront à la Compagnie par le premier ordinaire de chaque mois, copie de leurs journaux de Recette & de Dépenfe pendant ce même mois, tant pour la Ferme actuelle, que pour les droits appartenans à la Ceffion des Reftes, & ils remettront en même-tems tous leurs fonds à la Caiffe de Paris.

IV. Comme la Compagnie veut connoître l'emploi que les Ambulans font du tems qu'ils lui doivent, les Directeurs donneront à chacun d'eux un Certificat du jour qu'ils feront arrivez de leur Tournée de Recouvre-ment, de celui auquel ils auront rendu & foldé leurs Comptes & de celui de leur départ pour la Contre-tournée.

V. Ils feront partir les Ambulans pour leurs Tour-nées de Recouvrement le premier ou le fecond jour du mois deftiné à faire cette Tournée, afin qu'ils puiffent être de retour à la Direction, & que les fonds, ainfi que leurs piéces de Recette & Dépenfe, y foient remis, au plus tard le premier du mois fuivant.

VI. Ils remettront aux Ambulans avant leur départ pour leur Tournée de Recouvrement un Etat de fituation à mi-marge de tous les Articles d'Amortiffemens, Franc-fiefs, Anciens droits, d'Echanges, Amendes arbitraires & de condamnations, Amendes de Contraventions, Ar-rérages de rentes & redevances Albergues & d'Indemni-tez & autres droits reftans à recouvrer dans chacun des Bureaux de leur Département, tant pour les Baux de 1733 & 1739, que pour la Ferme actuelle; ils y ajoute-

ront les Extraits des Jugemens & Ordonnances qui n'auront pas été confommez par des payemens, pour faire
du tout l'ufage indiqué par l'Article xvii. des Fonctions
des Ambulans, lequel Etat leur fera rapporté, apoftillé
au retour de chaque Tournée, afin de s'affurer fi tous
lefdits Articles, Jugemens & Ordonnances ont été portez fur les Sommiers des Buraliftes, de connoître fi ces
Employez & les Ambulans ont travaillé ces parties avec
le zéle, l'activité & l'intelligence néceffaires à leur apure-
ment, donner leurs ordres aux uns & aux autres fur ce qui
fera à faire pour accélérer la rentrée des droits arriérez,
décharger fur leurs Sommiers les Articles payez, & ceux
qui feront dans le cas d'être déchargez par caducité, double emploi ou autrement.

VII. Ils doivent faire imprimer un nombre fuffifant d'E-
xemplaires du Modéle du Journal de Travail que les Ambulans doivent tenir pendant leurs Tournées de Recouvrement pour tous les Bureaux de leur Département, & ils
remettront à ces Employez, avant leur départ, pour chacune de ces Tournées, autant de ces Exemplaires qui leur
en fera néceffaire pour remplir les vues de la Compagnie.

GENERALITE' *JOURNAL DE TRAVAIL du S* . . .
d . . . . *Controlleur & Receveur ambulans pendant fa*
DEPARTEMENT
d . . . . *Tournée de Recouvrement.*
Quartier de . . .
      du . . . .

Bureau de . . . . . . Par l'Examen que j'ai fait de la Régie du Commis, pendant le Quartier, j'ai forcé la Recette de la fomme
de . . . . en . . . . Articles & ordonné la
Reftitution de la fomme de . . . . en . . . . Articles
relevé ou découvert . . . . . . Articles d'anciens droits
. . . . . d'Amortiffemens . . . . de Francfiefs

: : : : : Echanges . . . . . de Casuels domaniaux
rapporté . . . . Procès-verbaux. Vérifié les Sommiers
des droits certains. Il y restoit à recouvrer lors de mon
dernier passage en ce Bureau, tant pour la Ferme actuelle,
que pour celles de 1733 & 1739, le nombre de . . . .
Articles d'anciens droits de Centiéme Denier, Insinuations, Controlle, &c. Il en a été découvert depuis ledit
tems;

Sç a v o i r ,

. . . . Articles par l'Inspecteur . . . . par le Commis
& . . . . par moi, compris les . . . . ci-dessus relevez
ou découverts; il en est rentré pendant le quartier dernier
. . . . . Articles montans compris les triples droits &
droits en-sus à la somme de . . . . il en est tombé en
non-valeur . . . . . Articles; il en reste par consequent
à recouvrer . . . . sur . . . . . desquels il y
a Instance à l'Intendance.

Vérifié également les Sommiers de contraintes, d'A-
mortissemens & Francfiefs des Baux de 1733 & 1739.
& de la Ferme actuelle: il y restoit à recouvrer à mondit
passage . . . . Articles, depuis il en a été envoyé . . . .
de la Direction, il en est rentré . . . . montant à la somme
de. . . . il en a été déchargé . . . . Articles, il en reste
encore . . . . à recouvrer sur . . . . . . desquels il y
a Requête à l'Intendance.

Vérifié encore le Sommier des droits d'Echanges, il
en restoit à recouvrer à mondit passage . . . .
Articles, il en a été découvert depuis:

Sç a v o i r ,

. . . . Articles par l'Inspecteur : : : : : par le
Commis & . . . . . par moi, il en est rentré . . . . .

Articles montans à la fomme de . . . . . il en refte conféquemment . . . . . . à recouvrer fur . . . . . . defquels il y a Requête à l'Intendance.

VIII. Ils obligeront les Ambulans de prendre dans tous
les Bureaux où ils pafferont en Tournée & Contretournée
autant d'Acomptes qu'il fera poffible, qu'ils fe feront remettre à leur retour à la Direction avec la feuille certifiée
d'eux & des Buraliftes, qui en conftatera le montant.

IX. Ils feront auffi remettre à leur Caiffe par les Ambulans au retour de leur Tournée de Recouvrement, &
même au moment de leur arrivée tous les fonds qu'ils
auront entre les mains fuivant leur Journal de Recette;
& ils les obligeront immédiatement après à rendre &
folder leurs Comptes.

X. Ils fe feront remettre par les Ambulans, lors de
la Reddition de leurs Comptes, les Relevez qu'ils auront
faits dans chaque Bureau, de tous les Renvois d'Infinuations & autres droits; & ils en diftribueront auffi-tôt les
Articles dans les Bureaux de la Généralité où ils devront
être acquittez, & enverront à la Compagnie un Etat de
ceux qui concerneront d'autres Généralitez.

XI. Ils auront attention de fe faire rapporter au fou-
tien des Comptes que les Ambulans leur rendront des
droits appartenans à la ceffion des Reftes, les Originaux
des Demandes qui auront confervé ces droits aux Fermiers des Baux de 1733 & 1739. Voir l'Article viii. du
Chapitre des Fonctions des Ambulans.

XII. Ils fe feront pareillement remettre par les Am-
bulans au retour de leur Tournée de Recouvrement, des
Etats de tous les droits d'Amortiffemens, Francfiefs,
Echanges & autres Cafuels domaniaux, anciens droits,
Amendes arbitraires & de condamnation, que les Am-
bulans auront relevez & découverts fur les Regiftres des
Buraliftes.

Buraliftes ou autrement, afin de les faire porter fur leurs Sommiers.

XIII. Ils feront partir les Ambulans le 1 5 du même mois pour leur Contretournée, & ils les obligeront d'y refter jufqu'au 27 ou 28 du mois fuivant, en leur donnant chaque fois un ordre de Travail indicatif des Bureaux où ils eftimeront néceffaire qu'ils fe fixent, & les obligeront, de même que les Infpecteurs, de leur écrire tous les huit jours pour leur rendre compte de leurs opérations & recevoir leurs ordres & inftructions.

XIV. Ils fe feront remettre par les Ambulans, avant qu'ils commencent leur Tournée de Recouvrement, Copie de leur Journal de Travail du quartier précedent qu'ils apoftilleront, & enverront à la Compagnie dans les quinze premiers jours du premier mois de chaque quartier.

XV. Ils fe feront encore remettre par les Infpecteurs tous les trois premiers jours de chaque mois Copie de leur Journal de Travail, qu'ils feront paffer à la Compagnie, émargez de leurs obfervations, defquelles ils enverront Copie aux Infpecteurs, avec les ordres qu'ils croiront néceffaires au bien de la Régie. Ils enverront auffi aux Ambulans Copie des obfervations qu'ils auront faites fur leurs Journaux de Travail.

XVI. Au moyen de ce que les Journaux des Infpecteurs & Ambulans contiendront les découvertes qu'ils feront dans chaque Bureau, les Directeurs feront difpenfez de leur en faire fournir des Etats particuliers pour les envoyer à la Compagnie; ils feront feulement attentifs à en faire porter les Articles fur leurs Sommiers avec les numeros des Buraliftes, & de faire mention en marge defdits Articles des numeros de leurs Sommiers.

XVII. Si par l'examen de ces Journaux les Direc-

M

teurs remarquent que les Buraliftes n'ont pas fuivi avec exactitude le Recouvrement des droits arriérez & mis à exécution les Ordonnances de M. l'Intendant & les Jugemens du Bureau des Finances qu'ils leur auront envoyez, ils donneront fur le champ de nouveaux ordres fur les pourfuites qui font à faire, defquels ils auront attention de marquer les dates dans leurs obfervations fur lefdits Journaux.

XVIII. Ils examineront dans ces Journaux fi les Ambulans & les Infpecteurs ont fait dans chaque Bureau avec l'exactitude néceffaire, toutes les opérations qui ont été prefcrites dans les Chapitres de leurs Fonctions, & celui des Devoirs des Commis, & apoftilleront lefdits Journaux en conféquence fans aucuns ménagemens pour qui que ce foit.

XIX. Ils enverront exactement aux Buraliftes les Ordonnances qu'ils obtiendront à l'Intendance & les Jugemens qu'ils feront rendre au Bureau des Finances, foit préparatoires, de condamnations ou décharges; & cet envoi fera fait au plus tard dans les trois jours de la date des Ordonnances & Jugemens; ils auront auffi une correfpondance exacte & fuivie avec tous les Buraliftes, fur-tout avec ceux dont les Bureaux produifent 1000 livres, & plus par quartier, pour fe faire rendre un Compte exact par des Etats de fituation à mi-marge de ce qui retarde le Recouvrement des Articles employez fur leurs Sommiers, & donner leurs ordres pour le fuivre avec vivacité.

XX. Ils enverront à la Compagnie à la fin de chaque Tournée & Contretournée, des Etats de tous les Articles d'Amortiffemens & Francfiefs qui auront été nouvellement relevez ou découverts par les différens Employez, afin qu'il en foit expédié des Contraintes.

XXI. Ils en enverront un autre à la **Compagnie** tous les trois mois des différens Procès - verbaux qui auront été rapportez pour contravention aux droits de la Ferme.

Ils lui enverront également des ampliations fignées d'eux, de toutes les foumiffions fournies par les Contrevenans, à fur & à mefure qu'elles leur feront remifes, & afin qu'on puiffe connoître parfaitement fur quel genre de contravention elles auront été faites, ils donneront ordre aux Employez de leur Généralité, & auront attention eux-mêmes de n'en recevoir aucune à l'avenir, qu'au pied de l'Extrait bien circonftancié du Procès-verbal qui y aura donné lieu.

XXII. Ils fourniront à la Compagnie le plutôt qu'il fera poffible, un Etat général de toutes les affaires engagées à l'Intendance & au Bureau des Finances, & un autre à la fin de chaque mois de celles qui y auront été nouvellement introduites, fur lefquels Etats ils feront mention du jour auquel ils auront fourni leurs Réponfes & Défenfes.

XXIII. Ils lui en remettront un autre auffi à la fin de chaque mois, des Inftances jugées pendant le mois précedent, fur lequel il fera fait mention à chaque Article de la date de l'envoi qu'ils auront fait aux Buraliftes des Jugemens & Ordonnances.

Lorfque dans les Etats des Inftances jugées il fe trouvera des Ordonnances ou Jugemens contre lefquels il y aura lieu de fe pourvoir au Confeil ou autre Tribunal, ils y joindront des Mémoires inftructifs fur la matiere dont il fera queftion, contenans le fait, les moyens alléguez par les Parties, les Réponfes à ces moyens & les obfervations particulieres qu'ils auront à faire.

XXIV. Comme par le Réglement du Confeil du 28

Juin 1738. Titre VIII. Article II. il eſt ordonné que les Jugemens & Ordonnances de Meſſieurs les Intendans & Commiſſaires départis feront exécutez par proviſion non-obſtant l'appel, les Directeurs auront attention, lorſque les Redevables interjetteront appel des Ordonnances qui auront été rendues, de préſenter ſur le champ leur Requête à M. l'Intendant, tendante à ce que conformément à ce Réglement, il ſoît permis au Fermier, à la caution de ſon Bail, de les faire mettre à exécution nonobſtant l'appel & ſans y préjudicier, & ils enverront l'Ordonnance qui interviendra en conſéquence au Commis dans le Bureau duquel le droit ou l'amende ſera payable, avec ordre de la faire ſignifier à la Partie, & d'en ſuivre l'exécution, & ils feront en même-tems paſſer à la Compagnie les piéces & mémoires néceſſaires pour faire ſtatuer ſur les appels.

XXV. Ils tiendront auſſi quatre Conférences générales par an avec les Ambulans & Inſpecteurs, dans leſquelles ceux-ci propoſeront les abus qu'ils auront reconnus dans la Régie, leurs doutes, leurs difficultez, les moyens qu'ils croiront propres à y remédier, en un mot ils ſe concilieront ſur tout ce qui pourra tendre à l'uniformité & à l'avantage de la Régie, & dans les cas où les Directeurs ſe trouveroient eux-mêmes indecis, ils propoſeront par des Mémoires à mi-marge leurs difficultez à la Compagnie, qui leur en enverra auſſitôt les ſolutions.

F I N.

www.ingramcontent.com/pod-product-compliance
Lightning Source LLC
Chambersburg PA
CBHW071221200326
41519CB00018B/5622